JN173684

人前で話す教える技術

ライブメソッド5つの公式

Live method five formulas

寺沢 俊哉

公益財団法人 日本生産性本部
主席経営コンサルタント

生産性出版

はじめに

「申し訳ないが、あなたの話は聞いていられない」

講義がはじまって15分くらいたった頃でしょうか。参加者の社長がいきなり手を挙げてこう言いました。これは28年前、私が幹部対象の研修講師をしたときの実話です。一瞬、頭が真っ白になりました。こうした苦い経験が、本書が生まれた背景にはあります。

あなたも人前で話すとき、こんなことでお悩みではないですか。

・つい、一方的に話してしまう。
・相手が興味をもって聞いてくれない。
・答えられない質問がきたらどうしょう。
・相手がわかってくれているか不安だ。
・時間が余ったら／足らなかったらどうしょう。

本書は、研修講師、士業・コンサルタント、社内講師、部下やメンバーを動かすビジネスリーダー、会議の進行をまかされたファシリテーターの方から、朝礼で10分間話をしなければならない方まで、複数の人前で、何かを教える必要がある人に向けて書きました。

私自身が28年間かけてマスターしてきた「人前で話す・教える技術」を、「ライブメソッド5つの公式」として整理したものです。

今でこそリピートやご紹介で仕事ができるようになりましたが、コンサルタントになりたての頃は、本当に苦労しました。

理系の大学を卒業した私は、人前で話すのは大の苦手。それに正直、「コンサルタントは、調査分析をしていればいい」くらいに思っていたのです。

ところがある日、人前で講義をする機会が与えられました。

幹部対象の1時間の研修です。自分では、しっかり準備したつもりでした。

ところが、その結果が……冒頭の社長のひと言でした。

「申し訳ないが、あなたの話は聞いていられない」

ライブ感の正体は「対話」と「発見」だった

あれから28年、この言葉を忘れたくて、さまざまな努力をしてきました。ライブ感あふれる講師、心を動かすプレゼンター、一瞬たりとも目が離せないエンターテイナー、彼ら彼女らは、「はじめに何を話すのか」「話のつなぎはどうしているのか」「ひとつのネタを何分くらい演じているのか」を研究しました。

時間の経過とともに、講師が何を話し、その結果、参加者は何を学び、どう感情がゆさぶられるのかを徹底的に分析し、自分の研修に取り入れ、実験してきました。

そして、たどり着いたのがふたつのポイントでした。

ひとつめは、「**対話**」です。ライブ感あふれる講師は、全員、対話で研修を進めていました。たとえば、一方的になりがちな知識を伝えるタイプの講義でさえも「ここまで、ご理解いただけましたか」と丁寧に確認する。新たなテーマに話を移すときは、「○○について、どう思いますか」と質問で口火を切る。

さらに、聞き手が心の中で「○○がよくわからないなぁ」と感じていると、まるでそれを察したかのように

「○○については、わかりにくいかもしれないので、別の角度からも説明しておきます」

と、無言のつっこみに答える形で進めていく。

研修のすべてが、講師と参加者の対話、キャッチボールで進んでいたのです。

ふたつめのポイントは、「**発見**」です。参加者自身に、答えを発見してもらう。素晴らしい講師は、必ずそんな進め方をします。

人は自分で発見したことなら、記憶に残る。そして、実践したくなるものです。

クイズを取り入れたり、研修ゲームを活用したり、どうしても、派手な実習に目が奪われがちですが、その本質は「参加者自身に答えを発見してもらう点」にあったのです。

・対話を通じて心を動かし、
・発見を通じて行動をうながす。

これこそが、ライブ感あふれる研修を進行する際のポイントだったのです。

私はこれを、ライブメソッドとしてまとめました。

ライブメソッドとは……

「対話を通じて心を動かし、発見を通じて行動をうながす」技術のことです。

「人前で教える」ための究極の教科書！

本書では、ライブメソッドをだれでも活用できるように、5つの公式、52のメソッドとして整理しました。

公式1　あついかみの対話――行動をうながす究極のテンプレート

ライブメソッドの核の部分です。「あついかみの対話」とは、「あわせる対話」「つかむ対話」「いかす対話」「かさねる対話」「みつける対話」「のせる対話」のことで、この順番で対話を構成してみようというおすすめです。

物語に起承転結があるように、研修にも鉄板の構成があります。それをテンプレートとして整理しました。

公式2　事前の準備――これだけで準備はOK。「ワンシート企画書」

「段取り8割」と言われますが、研修もしっかり準備することで当日の進行がスムーズになります。「ワンシート企画書」の活用で、もれなく準備が整います。

ライブメソッド　5つの公式

「対話を通じて心を動かし、発見を通じて行動をうながす！」

【公式１】
あついかみの対話

【公式５】
実習の技術

【公式２】
事前の準備

【公式４】
対話の技術

【公式３】
当日の進行

【公式１】あついかみの対話
行動をうながす究極のテンプレート

【公式２】事前の準備
これだけで準備はＯＫ。「ワンシート企画書」

【公式３】当日の進行
ライブ感あふれる場づくりのポイント

【公式４】対話の技術
心と心をつなぐ言葉づかいと振る舞い

【公式５】実習の技術
体験から学ぶ「鉄板ネタ10選」

公式3　当日の進行――ライブ感あふれる場づくりのポイント
開場前の準備から、参加者の迎え入れ、登壇、アイスブレイクといった一連の流れにそって、対話の場をどうつくっていくのか、ライブ感あふれる研修の秘密を、実際のシーンにそって解説していきます。
公式2、3は、研修を構成していく技術。脚本家の仕事にあたります。

公式4　対話の技術――心と心をつなぐ言葉づかいと振る舞い
「ライブ感あふれる対話で進めよう」と思っても、実際、どんな話し方をしたらいいのか、わからなければ、はじまりません。公式4では、講師としての言葉づかいや振る舞いについて確認します。キーワードは、「感じよく」「わかりやすく」「やりとりしながら」です。

公式5　実習の技術――体験から学ぶ「鉄板ネタ10選」
世の中には、さまざまな実習、アイスブレイクや研修ゲームなどがあります。これらは講師にとっての大切な道具ですが、使いようによって効果が大きく変わります。公式5では、その進め方とネタの発展の方法について学びます。
公式4、公式5は、ドラマで言うと、役者の仕事にあたります。

52のメソッドは、すべて見開き4ページ（一部2ページ）完結で解説されており、さらに、ちょっとしたポイントを【秘伝】の形で補足しました。

公式1から順に読むとわかりやすいと思いますが、興味のあるところから読みはじめてもOKです。

また、本書は「教科書」として、独学で学べるように構成しました。ホームページ（https://live5.jp）には、補足説明や動画を載せてあります。ぜひ、「動画解説はこちら」（11ページ）のアドレスからアクセスして理解を深めてください。仲間同士で本書を読みあい、意見交換することでも新しい発見が得られます。私も参加する予定ですが、「読書会」などを開いて、お互いの技術を高めあってもらえたらと思います。

前置きはこれぐらいにしましょう。準備は、よろしいですか。

それでは、さっそくはじめていきましょう。

２０１７年9月吉日

寺沢俊哉

動画解説はこちら

公式1
あついかみの対話
https://live5.jp/f1/

公式2
事前の準備
https://live5.jp/f2/

公式3
当日の進行
https://live5.jp/f3/

公式4
対話の技術
https://live5.jp/f4/

公式5
実習の技術
https://live5.jp/f5/

目次

公式2 事前の準備――これだけで準備はOK。「ワンシート企画書」

公式3　当日の進行——ライブ感あふれる場づくりのポイント

公式4 対話の技術——心と心をつなぐ言葉づかいと振る舞い

公式5 実習の技術——体験から学ぶ「鉄板ネタ10選」

公式 1

あついかみの対話

行動をうながす究極のテンプレート

「世の中には、たった2、3種類のストーリーしかない。
それを、いかにも今まで一度も起きたことがないように
猛烈に繰り返しているのだ」

ウィラ・キャザー（アメリカの女流作家）

公式1 「あつい かみの対話」の読み方

公式1は、ライブメソッドの核です。「あついかみの対話」は、

・**あ**わせる対話——講師と参加者の関係を築く対話。
・**つ**かむ対話——興味・関心を引きつける対話。
・**い**かす対話——興味・関心を本来、伝えたいテーマに結びつける対話。
・**か**さねる対話——テーマをジブンゴトにする対話。
・**み**つける対話——アイデアや提案を発見する対話。
・**の**せる対話——承認して動機づける対話。

の頭文字。物語に起承転結があるように、研修にも鉄板の構成があります。「あ→つ→い→か→み→の」の順番で構成すれば参加者の心をつかみ、行動をうながします。

「あついかみの対話」

「あ→つ→い→か→み→の」順番で話を構成することで「対話を通じて心をつかみ、発見を通じて行動をうながす」ことができます。これが20年以上かけて完成した究極のテンプレートです。

あわせる対話

講師と参加者の関係を築く対話。

↓

つかむ対話

興味・関心を引きつける対話。

↓

いかす対話

興味・関心を本来、伝えたいテーマに結びつける対話。

↓

かさねる対話

テーマをジブンゴトにする対話。

↓

みつける対話

アイデアや提案を発見する対話。

↓

のせる対話

承認して動機づける対話。

あつい対話
「テーマ」にスポットライトを当てる

「駐車場クイズ」で興味をひき寄せよ

「あついかみの対話」の前半、「あつい対話」の3つについてみていきましょう。簡単な例で説明します。あなたは、「お客様満足（CS）の大切さを教えている講師」です。あいさつの後、こう切り出しました。

「ところで、みなさんは、こんなことに悩んでいませんか（次の一覧を見せる）。
・お客様の本音を聞き出すのがむずかしい。
・忙しくて、対応が間に合わないことがある。
・技術的なことになると、クレーム対応がむずかしい。
よろしかったら、ひとつでも当てはまる人は、手を挙げてもらえませんか（P232）。

それでは、これからひとつずつ解決していきましょう」

この進行が、**あわせる対話**（講師と参加者の関係を築く対話）です。研修の冒頭では、まだ、講師と参加者の関係性（場）ができていません。そこで「悩み」という共通の話題を取り上げ、それを解決する仲間であるという関係をつくり出していくのです。講師は続けます。

「それでは、はじめていきましょう。突然ですが、クイズです。図をみてください。車の停まっている場所の番号は何番でしょうか」（下図をみて参加者に考えてもらいます）。

駐車場クイズ

車の停まっている場所の番号は何番でしょうか

「答えは……『87』です。どうしてなのか、わかりますか。図を逆さまにして見てください。運転手の立場からみたら『86、87、88……91』と順番になっています」

「おぉ〜、そうか！」

と聞き手はちょっとビックリすることでしょう。これが、**つかむ対話**（興味・関心をこちらに引きつける対話）です。積極的な参加者だけなら研修も楽ですが、必ずしもそうではありません。義務感たっぷりの企業研修では、イヤイヤ参加している方もいます。ですから、まずは、このように、興味を引き寄せることが必要です。

こうしてクイズで第一関門を突破しました。

3つめが、**いかす対話**（興味・関心を本来、伝えたいテーマに結びつける対話）です。講師は、次のように話を続けます。

「実は、CSで最も大切なのは、お客様に対応することではなく、お客様の立場に立つことです。そうしないと望んでいない対応をしてしまいます。これでは、ありがた迷惑ですよね。そこで日ごろから、相手の立場に立つ。その習慣をもつことが重要です」

「テーマ」にスポットライトを

いかがでしょう。駐車場クイズで「つかんだ」参加者の心を「相手の立場に立つことが大切」という本来の研修テーマに「いかす」ことができました。つかんだら、いかすという複合技です。「つかむ対話」が伏線。「いかす対話」でそれをしっかり回収します。

こうして対話を紡いでいきます。ここまでが「あついい対話」です。

結果として最終的に、**研修テーマにスポットライト**が当たることになります。

つかんで、いかすの複合技

かみの対話
「参加者」にスポットライトを当てる

「テーマ」をジブンゴトにせよ

前半の「あつい」対話で、『相手の立場に立つことが重要』というテーマまで話がたどり着きました。私が講師ならこんなふうに続けます。

「『相手の立場に立つ』ことの大切さはわかっていても、実際はむずかしいものです。私も苦手で、よく失敗します。先日、電車で座っていたら、目の前に高齢のご婦人が立たれました。声が小さくよく聞こえなかったのですが、何か話していらっしゃる。席を譲ろうとしたら遠慮されました。どうぞ、どうぞと勧めますが、一向に座ろうとする気配がありません。そこで、婦人に近づいてしっかりお話を聞きました。そうしたら……。

もうおわかりですか。ご婦人は腰痛があって『座るより立っていた方が楽』ということを伝えたかったのです。『相手の立場に立っているようで、実は、こちら側の勝手な思い込みであること』ってありますよね」

このように講師自身の体験談、エピソード（P144）を話した上で、次に参加者にこう言います。

「あなたも同じような経験を持っていませんか。相手の立場に立ったつもりで、まったくハズしていたり、逆にこちらのことをわかってもらえなくてイライラした経験が。ちょっと思い出してみてください」

これが**かさねる対話**（テーマをジブンゴトにする対話）です。講師自身の体験を呼び水として、参加者の体験を研修テーマに重ねてもらいます。実際の研修では、ペアワーク（P238）の形をとって、経験をわかちあってもらうのもいいでしょう。「そうだよね。ある〜、ある〜」と、話が弾むようになります。さらに、講師は問いかけます。

「確かに、だれでも失敗はありますよね。では、もし次に同じようなことが起きたら、今度はどうしたらいいでしょう。相手の立場に立つために、今の自分に何か工夫できることはないでしょうか」

ここで、問題解決をうながす質問をします（P204〜207）。簡単な問題だったら、「ああすればいい、こうすればいい」と、いろいろなアイデアが出てくるでしょう。これが**みつける対話**（アイデアや提案を発見する対話）です。

ここは、とくに重要。なぜなら自分が発見したことは記憶に残り、やってみようという強い気持ちにつながるからです。続いて頃合いをみて、講師はこう言います。

承認して動機づける

「それでは、みなさん。そろそろお時間です。実は、AさんとBさんの話し合いがとても興味深かったので、全員で共有したいと思います。Aさん、Bさん、よろしいでしょうか。全員の前で発表していただけませんか」

そして、AさんとBさんが「実は◯◯でした」と発表してくれたら、

「すばらしいお話ですね。アイデアもおもしろい。みなさん、おふたりに拍手をお願いします」

パチパチパチ……と、全員が拍手してふたりを承認します。これが**のせる対話**（承認して動機づける対話）です。発表者のふたりは「相手の立場に立つ」というテーマで、スターになりました。完全にスポットライトは、参加者に当たりました。講師は影の引き立て役です。

そして同時に、ここでとても重要なことが起きています。それは、このふたりが**「教えてもらう人（受け取る人）から「教える人（与える人）」に立場が変わった**ということです。自分の体験を共有することで、場に貢献する人になったのです。講師１人の力ではなく、参加者を巻き込んで場をつくっていく。それが、ライブメソッドです。

以上で「あついかみの対話」が一巡しました。

あついかみの対話
ここで何が起きているのか

まず「必要性」を感じてもらう

いかかでしたでしょうか。「駐車場クイズ」の例で「あついかみの対話」の流れを一通り体験いただきました。実際に進行すると、おそらく15分くらいだと思います。単独でも成立しますし、1日研修の冒頭にもいいですね。

さて、ここで何が起きていたのか、もう一度、確認してみましょう。全部で6つの段階を踏みました。このうち前半の「あつい対話」

・**あ**わせる対話——講師と参加者の関係を築く対話。
・**つ**かむ対話——興味・関心を引きつける対話。
・**い**かす対話——興味・関心を本来、伝えたいテーマに結びつける対話。

は、関係づくりからはじまり、テーマに興味を結びつけるところまででした。「なるほど、○○（今日のテーマ）は大切なんだ」という「必要性」を感じてもらうのが、前半のゴールです。テーマに、スポットライトを当てています。これが重要です。

もし、そうでなく「お前にはこれが必要」ということで、いきなり参加者にスポットライトを当てたら、強制感が丸出しになります。

次の例をみてください。いずれも「相続税対策が必要」というテーマの研修です。金融機関や税理士さんのセミナーでよくある方法です。

<Aパターン>一般事例から入る

①一般論で生前に相続対策を怠ったため資産を失ったケースを話す（つかむ対話）。

②何が悪かったのか？　「やってはいけない10の失策」を話す（いかす対話）。

③自分自身が「10の失策」に当てはまっていないか、セルフチェックしてもらう（かさねる対話）。

<Bパターン>いきなり個人の話から入る

①いきなりセルフチェックをやってもらう（かさねる対話）。

いかがでしょう。<Aパターン>の方が自然ではないですか。よく言われる言葉に、「必要性を感じたときに来る営業マンは天使だが、感じてないときに来る営業マンは、ハエである」があります。まさにこれでしょう。

先にテーマの必要性を伝えてから、「それでは、あなたの場合は」と可能性に移っていく、「必要性から可能性へ」この順番が鉄板です（P258）。

「テーマ」から「参加者」へ――スポットライトを移行せよ

後半は、「かみの対話」でした。

・**か**さねる対話――テーマをジブンゴトにしてもらう対話。
・**み**つける対話――アイデアや提案を発見してもらう対話。
・**の**せる対話――承認して動機づける対話。

先ほどの相続税のような個人資産に関することなら、ジブンゴトになりやすいと思います。しかし、会社全体の問題や社会全般の問題だったらどうでしょうか。ついタニンゴトになりがちなのではないでしょうか。

たとえば、ある会社で、納期遅れが頻発している。営業マンのAさんは「それは製造の責任で、工程管理をしっかりやるべきだ」と考えている。しかし、もし「営業からの受注確定情報が、あと3日早かったら納期遅れの7割が防げる」としたら？

Aさんにもこの問題をジブンゴトとして取り組んでもらいたいですよね。

そのために言い方は悪いのですが、前半で「そのテーマが必要だ」という言質をとる。その上でそれをジブンゴトとしてとらえてもらうように「かさねる対話」をしていくのです。

スポットライトをテーマから参加者に移動させるタイミングが重要です。「評論家を生み出してしまう研修や会議」は、ここの設計がうまくいっていません。本人の状況に深く共感しながら、「みつける対話」で解決策や目指すゴールを一緒に発見していく。最後に「のせる対話」で実行を支援するといった流れをつくります。

いかがでしょうか。最終的に行動をするのは、講師でなく参加者です。最初、スポットライトはテーマに当てましたが、最後には、参加者にスポットライトを当てて、承認とともに終えていく。それでこそ、参加者を巻き込んだライブ感あふれる研修となるのです。

これが、「あついかみの対話」の真髄です。

◆秘伝◆「わかる」「できる」「やる」ところまで

辞書を引くと、「教える」には、3つの意味があります。
①知識や技能を身につけさせる。「数学を教える」。
②自分の知っていることを告げる。「道順を教える」。
③さとす。戒める。「花を折ってはいけないと教える」。
①が、一般にビジネス研修などで行われる「知恵や技術を教える」行為ですが、どれも「Aさんから B さんに情報（知恵）を移転して、B さんひとりでそれを再現できるようにする」という点で共通しています。
「教える」とは「できる」ようにすること、と定義できるかもしれません。

しかし、私は、それだけではダメだと思っています。「教える」には、次の3段階があるからです。
①わからない→わかる。「平成の前は、昭和である」
②わかっているけれど、できない→できる。「練習して自転車に乗れるようになる」
③わかっていてできるけれど、やらない→やる。「ダイエットにコミットし、痩せる」
③に関しては「でき心」のように、やってはいけないとわかっているのに、逆にやって

しまうケースも含みます。ここでは心の問題がからみます。

本来、講師としては「わかる」(思考)「できる」(訓練)だけでなく、「やる」(意欲)ところまでをフルセットで面倒みるべきだと考えています。

人は機械のようにスイッチを押せばその通りに動くものではありません。その代わり、思った以上に動いてくれることもあります。

だから人に教えるのは楽しい。スキルの向上だけでなく、マインド部分にも責任をもって触れる。それがライブメソッドです。

わかる、できる、やる

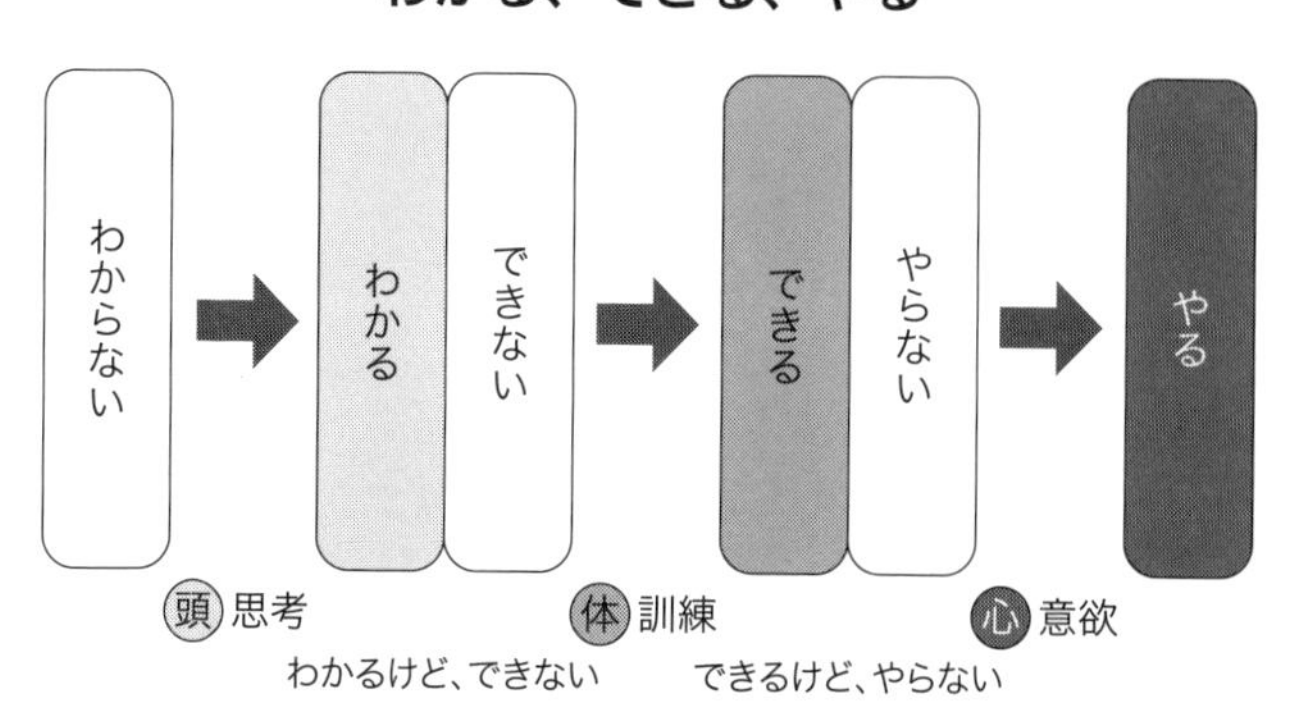

あわせる対話
講師と参加者のいい関係を築け

ここからは「あついかみの対話」を、ひとつずつしっかりみてきましょう。

最初は「あわせる対話」（講師と参加者の関係を築く対話）です。

まず、あなた自身が人前で教えるシーンをひとつ想定してください。研修、セミナー、スピーチ、講演と、何でもよいのですが、テーマ（主張）はひとつ。最大15分くらいで話し終えるものを選びます。

ここからは、そのシーンを想像しながら読んで欲しいと思います。もし、すぐに人前で話す機会がない方は、これまで自身が体験した他のだれかのスピーチを想定してもらってもいいでしょう。では、はじめます。

ご当地ネタ、お天気ネタで引きつけよ

第一声は「こんにちは」で、はじまります。もし、参加者と講師がよく知らない関係ならば、この後「あわせる対話」をていねいに行いましょう。

たとえば、地方に行って講演をするケース、まだ雰囲気も硬く、アウェー感いっぱいのとき、私は、その地域について自分が知っていること（すばらしいと思っていること）を話します。いわゆる「ご当地ネタ」ですね。

「午後からの講演なら、午前中はタクシーに乗って街を観光しなさい」は、先輩から受けたアドバイスです。実際、三重の松阪市の講演では、午前中に「鈴先生」と呼ばれていた「本居宣長記念館」に行き、「鈴」を購入しました。振るとてもよい音色がして、講演のチャイムにさっそく活用しました。

その他、「今日に関すること」（365日、だいたい何かの記念日）「お天気ネタ」。あるいは、「今日の研修テーマに関係すること」などからはじめるのもいいでしょう。こうして、参加者との共通点を探しながら関係をつくります。

「手を挙げてください」で仲間意識を育てよう

研修の冒頭、私はこんな進行をすることがあります。

「みなさん、今日の元気度を教えてください。最高を10として、最低を1とすると、今はどのくらいですか。みなさんの状態にあわせて、講義をはじめていきたいと思います。では、手を挙げてください。1の人……」

こう話しながら、講師も手を挙げます。これも「あわせる対話」の一形態です。「みなさんの状態にあわせて講義をはじめたい」と言っている点がポイントです。講師が「参加者であるあなたに興味・関心をもっていますよ」「こちらから、あわせていきますよ」というサインを送っているのです。

他にも研修開始早々、特定のだれかを話題の中心人物にして場を和ませることもあります。あらかじめ積極的でおもしろい参加者がいるという情報をもらっておけば、その人とやりとりすることで、場が一気に和みます。

また、同じ制服を着て仕事をすると仲間意識が高まりますが、研修でドレスコードを決めるのも（今日はカジュアルで、動きやすい格好でお集まりください）も、同じ効果があります。

こうした、非言語で「あわせる」工夫も大切です。

「手挙げ」の実習では「手を挙げてください」と言いながら、必ず講師自身も手を挙げます。こうすると参加者の手が挙がりやすくなりますが、これも非言語であわせている例です（P232）。

「呼吸をあわせる」と言いますが、まさにその言葉通り、講師と参加者のリズムをあわせることも重要。リズムがあっていないうちに講師だけ、やたらポジティブに進めても浮いてしまいます。

まずは「仲間になろう」という気持ちが重要です。

配布されたテキストに「ようこそ。○○さん」と書かれていたらうれしいですし、事前にコーヒー、紅茶、ブラックなど、参加者の好みがわかっていたら、それにあわせて、飲み物を提供することもできます。こうしたおもてなしの心も、大切な「あわせる対話」なのです。

◆秘伝◆ パーティーからヒントを探せ

「あわせる対話」として、どんなものが考えられるでしょうか。たとえば、

・ご当地ネタ——地方での講演などで、その土地の良さに共感した話をする。
・お天気ネタ——暑い、寒い、天候が不順など、だれもが感じている話題ではじめる。
・今日のネタ——365日、必ず何かの記念日である。
・今日の研修テーマネタ——参加者が最初からテーマに興味をもっているときは有効。
・「手挙げ」で、参加者の状態に関心をもつ。
・だれかを中心人物にする。事前にノリの良さそうな人を探しておく。
・ドレスコードをあわせる。
・対象年齢にあわせたBGMを流す。
・活動や学習の結果を部屋に掲示する。
・事前に集めた「研修ニーズ」を読み上げる。
・一人ひとりにあわせたサービス（テキストやウェルカムボードに名前を入れておく、好みの飲み物を用意しておく）。

こうしたアイデアは研修よりもパーティー、それもホスピタリティーあふれる集いの企

画から学ぶのも手。参加者のことをどれだけ思っているか、理解しようとしているか、大切にしようとしているか、という気持ちが伝わるだけでも研修はスムーズに進みます。

つかむ対話
ふだんの生活にネタはある

「こんにちは。突然ですがクイズです」

こんな感じから、はじめることもあります。お互いをよく知っているときや場が温まっているときは、「あわせる対話」を省略して、すぐ「つかみ」に入ってもいいでしょう。

それでは「つかむ対話」(興味・関心をこちらに引きつける対話)をみていきましょう。

「音」に意識を向けさせる

つかみで一番大切なのは、こちらに興味を向けさせることです。その意味では、開始早々「サイレン」を鳴らすのもありでしょう。実際、そういうセミナーもありました。

ただし、ここで気をつけなければならないのは、その「つかみ」を伏線として、この後、どう回収するかを考えておくことです。「サイレン」を鳴らしたら、それをどう「いかす」か、そこが問われるのです。

たとえば、こんな展開はいかがでしょうか。

「人間は見る、聞く、嗅ぐ、味わう、感じることで情報を得ています。この五感の中で広範囲にすぐに届くのが、『音』すなわち『聞く』ことですね。だから、昔からサイレンが重要です。そもそもサイレンの語源をご存じですか。ギリシャ神話に登場する半人半鳥の精『セイレーン』で、航行中の船の乗組員を美声で誘惑、難破させたそうです。

今日は、あるすばらしい会社の経営を事例としてお話ししますが、実は、その会社のロゴは、セイレーンなんですよ。もうおわかりですね。そう、今日は、『スターバックス・コーヒー』の経営について、いっしょに学んでいきましょう」

いかがでしょう。無理やりな感じがしますか。ただ逆に言えば、「サイレン」のような例でも、後でどうにか「いかす」ことができるものです。

当日の進行では、このように「いかす対話」までの流れを考えなければなりませんが、つかみネタを集める段階では、どういかすかは後回しにして、とにかく自分が興味・関心をもったおもしろいものを集めるとよいのです。

あなたの研修のジャンルとは関係なく、とにかく目につくもの、普段から興味を引かれてしまうものを集めてみましょう。

「これ、ネタとして使えないかな？」と考えることが大事です。あなたの興味でかまいません。たとえば、私の場合、つい引かれてしまうのが、「文房具のデザイン」「北欧風のインテリア」「パントマイムのキレキレ感」「シックス・センス」(どんでん返しのあるアメリカの映画)「マジック」「ホモサピエンスあたりの歴史」「催眠術」「インプロ」(即興演劇)などです。

その中から、たとえば、「マジック」のネタを「つかみ」に使おうと考える。相手の思っている数字を当てる。ネタを必死でマスターする。すると、そのネタが使いたくなる。そうなると、へたな「マジックショー」で終わらないように工夫します。一所懸命になって、いかし方を考える。こうして講師は育つのです。

身の回りで「いかしたいこと」を探せ

反対のアプローチもあります。「〇〇にいかしたい」から、それにふさわしい「つかみネタ」が欲しいというケースです。

たとえば、次回の研修は、「おもいやりのすばらしさ」を柱に組み立てようと考えたとします。

そこで、それを実感できるエピソードはないか。それを体感できる実習はないか、とアンテナを巡らせます。すると自分の目線が変わります。

具体的には、それまで気にかけていなかった洗面台。レバータイプの蛇口は上げると水が出る（古いタイプで、下げると水が出るものも現存している）。どうしてなんだろうと、調べてみたら、ここにも「おもいやり」があるわけですね。上からモノが落ちてきたとき、水、あるいはお湯が止まるように設計してあるのです。阪神淡路大震災のときの教訓からとも言われています。

こんな感じで「いかしたいこと」を頭の片隅において、まわりをみると発見があります。

次に「つかむ対話」の例をまとめておきましたので、参照してください。

◆秘伝◆ 「エンタメ」からつかみネタを探せ

「つかむ対話」として参考になるのは、エンターテインメントの世界です。

・クイズ（初心者にも取り入れやすい鉄板ネタ）。
・サイレンやジングル（音で引きつける）。
・マジック。
・パントマイム。
・ストーリーテリング（エピソードを語る）。
・驚きのデータ（固めの研修であっても使える）。
・感動的な写真・絵画やデザイン（直感に訴えかけられるのは効果的）。
・彫刻や道具など、実際の現物。
・錯覚（トリックアートなど）。
・お客様からの感謝の手紙を披露する。
・歴史秘話を語る。
・体を使った実習、ダンスやインプロ（即興演劇）など。
・簡単な研修ゲームを実施する（じゃんけん）。

・特別ゲストの登場（サプライズ）。
・香りの演出、光の演出。
など、日頃から「つかみネタ」になりそうなものを集めておきましょう。

「マジック」でつかむ

「じゃんけん」で盛り上げる

いかす対話
伝えたいテーマと「興味・関心」を結ぶ

ネタをしゃぶりつくして研修に活用せよ

次に「いかす対話」についてです。興味・関心を本来伝えたいテーマに結びつける対話をみていきましょう。ちょっと思い出してください。「駐車場クイズ」（P22）。絵を逆さまにして見れば解答が得られることから、「相手の立場に立つ」といった、いかし方をしました。

そうではなくて、こんなふうに話を続けたらどうでしょうか。

「クイズって答えがわかってしまえば、な〜んだという感じですよね。でも、答えがわからないうちは、あれこれ思考を巡らせている。つまり、未知のものに挑戦するときこそ人間は成長すると言えるのではないでしょうか。今日は、『挑戦』というテーマで、自分たちの日常をふりかえってみようと思います」

このように、同じネタでも別のいかし方ができるのです。これを「**シャブリング**」（P263）と呼んでいます。「ネタをしゃぶりつくして活用しよう」という気持ちから生まれた造語で、私が主催する「ライブ講師実践会」では、毎回、講師同士がお互いのネタをシャブリングすることで、新しいアイデアが生まれています。

ここで、次の2つのパターンを比較してみてください。

・つかみとして「数字のクイズ」を出して、「財務研修」の導入につなげる。
・つかみとして「現代アート」を鑑賞して、「財務研修」の導入につなげる。

いかがでしょうか。前者の方が、安心感がありますが、後者の方が意外性を感じませんか。それは、「つかみ」と「いかし」の間にギャップがあるからです。

「つかむ対話」＋「いかす対話」の複合技に慣れてきたら、ギャップのある組み合わせにチャレンジしてみましょう。

「えっ、こんな話からここに来るの」と聞き手がビックリする顔をぜひとも、お楽しみに。

強烈すぎるつかみに要注意！

暴れウマのような「つかみネタ」があります。たとえば、マジックの「空中浮遊」。参加者は目を皿のようにして見ています。さて、ここから本題のテーマにつなげなければならないのですが、このインパクトを上回る話のつなぎ方・いかし方はあるでしょうか。参加者の頭の中は「どうして、浮いたんだろう」に、とらわれたままです。残念ながら、私にはちょっと手に負えません。

では、こちらはどうでしょう。

講師は、手に「1万円札」をもって登場しました。そして、何の脈絡もなく言います。

「この1万円が欲しい人、手を挙げてください。最初に挙げた方にプレゼントします」

躊躇している人が多い中、ある人が手を挙げました。講師は本当にその1万円をプレゼントしました。それから、こうつなげました。

「これは1回限りのイベントです。今日は、もうやりません。さて、みなさんにお聞きします。どうして、手を挙げなかったのでしょうか。挙げれば絶対もらえるのに。私のことを信頼していなかったのでしょうか。損はしないいんですよ」

この後、「お金のやりとりは、理由がないとうまく進まない」ことを話し、「値付けに関する購買心理」の講義がはじまりました。

いろいろなネタを縦横無尽にいかせたら、それはテンポのよい大喜利、アドリブで進んでいくセッションのように、すばらしい研修になるでしょう。「いかす対話」は、ライブ感の源泉です。

「いかす対話」は、「あついかみの」対話、前半の最後にあたります。ここで大切なのは、自分が教えたいテーマにしっかりつなげることです。「つかんで、いかす」複合技で、しっかりテーマにスポットライトを当てましょう。

◆秘伝◆ 単独で「いかす対話」を発揮する

「いかす対話」は、基本的に「つかむ対話」との複合技でとらえます。ある「つかみネタ」を考えたら、次に「じゃあ、これをどういかそうか」と考えるわけです。

しかし、それとは別に、**「いかす対話」が、単独で求められることもあります**。

ひとつは、フィードバックの場面です（P252）。

研修中、参加者の発表に対して、その場で、気の利いたフィードバックができるか。さらには、発表者だけでなく一緒にいる参加者にとって学びとなるコメントができるかといった技術が、講師には問われます。ここではまさに「いかす対話」の質が求められます。

このあたりは、それぞれの専門分野の知見や経験に関係するため、一朝一夕に力が向上するものではありませんが、だからこそ、常に研鑽しておきたいですね。

私自身も「リーダーシップ」や「経営品質」といった自分の専門分野では、常に新しい情報を収集し、対応できるように努力しています。

もうひとつは、「想定外のこと」が起きたときです（P160）。

・特別な事情で、研修時間が半分になった。

・用意していたスライドが投影できなくなった。

・突然、防災訓練の放送が流れて、中断した。
こうした事故レベルのことから、
・参加者の解答が、講師の想定と違っていた。
・何度言っても、休憩時間あけに遅刻してくる人がいる。
・急に気分が悪くなって早退した人がいる。
といった進行上の問題まで、どう対応するかも「いかす対話」の分野です。

このときマイナスをゼロにするのではなく、むしろプラスにする工夫をする。

実際、早退したAさんへの対応だったら、同じ部署の方に「ぜひ、ここから先の内容をAさんに、あとで説明してもらえませんか。教えることが一番の復習になります。そして感想をAさんからもらってきてください。私がフォローします」と言って進めたこともあります。ぜひ、工夫してみてください。

かさねる対話
テーマを「ジブンゴト」で語ってもらう

希少性・限定性を訴求せよ

次に、かさねる対話（テーマをジブンゴトにしてもらう対話）について考えていきます。

研修テーマが参加者自身の「ジブンゴト」になるには、どうしたらいいでしょうか。

まず、あなたは、どんなときに「テーマがジブンゴト」になりますか。

たとえば、子どもの頃、夏休みの宿題をずーっと放置しておいて、ギリギリにやった。

これは、
・期限が迫ってくると「ジブンゴト」になる。
ということですね。これは私の例です。他には、
・今だけ50％オフ。
・もし、〇〇していただければ、××をプレゼント（〇月〇日まで）。

いかがでしょうか。これらは、すべて「期間の限定性」です。他にも、
・自分の名前を呼ばれる（病院の待合で「○○さん」と同姓の方が呼ばれると反応する）。
のもあります。私自身もなるべく参加者一人ひとりの名前を覚え、問いかけるときに
「○○さん、いかがですか」

と声がけできるようにします。

これを先ほどの「期間の限定性」とあわせると、

「○○さん、あなたのポイントは1000点です。あと3日で切れるので今のうちにご活用ください」

というメッセージになります。「あなただけ×今だけ」という限定性が強力です。こうした考え方は、心理学者のロバート・B・チャルディーニさんが、名著『影響力の武器』でとりあげた「希少性」に相当するものです。

しかし、実は、これよりも強力な方法があります。それは「そのことについて語ってもらう」ということです。

自分のことを大いに語ってもらおう

研修の進行上、ジブンゴトにしてもらう方法として最も強力なこと。それは参加者自身にそのテーマを語ってもらうことです。

「駐車場クイズ」の事例でも、「ちょっと思い出してみてください」と伝えて、「相手の立場に立つことがむずかしかった」経験を思い出してもらいました（P22）。順に進行を確認しましょう。

①まず、この後、取り上げるテーマについて参加者に伝える。

②その上で、そのテーマに関する講師自身の体験を話す（イメージを喚起するデモとしての効果がある。また、参加者に考えてもらう時間を確保する意味もある）。

③次に、実施。個人で経験を振り返ってもらう。

④ペアで話し合ってもらう（アウトプットすることで、中身が固まる）。

いかがでしょうか。いくつか、進行上のポイントがあります。

ひとつは、①のときに、わかりやすい的確な「問い」を投げかけることです。たとえば、「これまでに不快な気持ちになった経験を思い出してください」

でもいいのですが、

「あなたの周りで今まで一緒にいて最も不愉快になった人はだれですか。どうしてそう感じたのですか」

と、聞いた方がリアルになります。

また、②講師自身の体験を語る際にもポイントがあります。必ずしもドラマティックな体験でなく、どこにでもある日常体験がいい。参加者が萎縮せず「なんだ、この程度の話でいいんだ」と思ってくれるからです。

講師として「かさねる対話」を進める上で重要なのは、参加者が「自分の体験を気軽に話してもらえる環境を用意する」ことです。

そのために、こうした技術上の工夫とともに、講師自身の心構えが大切です。

「一人ひとりの人生経験は、学ぶ上で最高の素材である。その中には必ず今回のテーマに関係する貴重な話が眠っている。だから、貴重な宝物として敬意をもって接しよう」と信じて進行することです（P66）。こうした気持ちの上にたって進めていかないと、単なる事例紹介のような薄っぺらいものになりがちです。

◆秘伝◆ 「実感」に訴えて「感情」をゆさぶれ

かさねる対話は、参加者一人ひとりにジブンゴトになってもらうための対話です。

養老孟司さんのベストセラー『バカの壁』に、こんな話があります。薬学生に出産のビデオを見てもらったところ、あきらかに女子学生と男子学生では反応が違う。

女子学生のほとんどは「大変、勉強になりました。新しい発見がたくさんありました」と言う。一方、男子学生は一様に「こんなことは、すでに保健の授業で知っている」と答えたそうです。「出産」をジブンゴトとしてみられるかどうかに差が生じてしまうわけです。

こうしたギャップはどんな分野でもあって、どうやってそれを埋めていくか、それが講師の腕の見せどころです。

いくつかの例で説明しましょう。

・似たような体験を思い出してもらう。

「お客様満足」の研修をするなら、「今までの人生で、デートでもパーティーでもいいのですが、最高のサービスを受けたなぁと感じた経験には、どんなものがありますか」という質問をする。シチュエーションは違っても、そのときに生じた気持ちや雰囲気から、今回のテーマについて考えてみることができます。

・反対の体験を思い出してもらう。

「今までの人生でこれはひどい。もうこの店には、二度と来るものかと思った最悪のサービス体験を思い出してください」と反対にふっておいて、「そうならないためには、どうしたらいいのか」と考えはじめることも可能です。

・現象でなく、実感に重ねあわせる。

財務研修で「資金繰りの大切さ」をテーマにとりあげるとします。参加者が次の2つの体験を思い出したとしましょう。

①新聞に載っていた有名企業の粉飾決算、債務超過の記事を思い出した。

②子どもの頃、友人から借りた大切なおもちゃを壊してしまって、明日、返さなければならないのに、言うに言えずどうしようかと困った体験を思い出す。

この2つなら②の方が「ジブンゴト」ですよね。感情も動きます。まさに資金繰りが行き詰まってしまう危機感を実感してもらうなら、こちらの方がいいわけです。

みつける対話
自らアイデアを発見するために

いよいよ「みつける対話」に入ります。ここは参加者自身にアイデアや提案を発見してもらうプロセス。正確に言うと「(参加者自身に)みつけてもらう対話」です。発見する喜びを提供することが、ポイントです。

質問で「発見力」をうながそう

そもそも何かを「発見する」とは、どんなことなのでしょうか。
・何かに気づく。
・それまで知らなかったこと知る。
ウィキペディアによると、「発見とは、まだ知られていなかった(あるいは自分が知らなかった)事柄や物、現象、説明のしかたを見つけ出すこと」とあります。英語だと「DIS

COVER」。これは、COVER（隠しているカバー）を、DIS（外す）という意味があります。

アメリカ大陸は「発見」されましたが、電球は「発明」されました。それまでベリーロールが主体だった走高跳は、ディック・フォスベリーさんによって、背面跳びが「発見」され、彼は1968年、メキシコオリンピックで金メダルをとりました。

発見とは、もともとあったものを見つけ出すというニュアンスが強いようです。

何かを「教える」という行為は、まさに「発見」です。参加者一人ひとりが、すでにもっている経験やノウハウにテーマを「かさねる」ことで、その人の可能性を引き出し、自ら「発見」してもらうからです。

「駐車場クイズ」の例を思い出しましょう（P22）。ここでは、

「確かに、だれでも失敗はありますよね。では、もし次に同じようなことが起きたら、今度はどうしたらいいでしょう。相手の立場に立つために、今の自分に何か工夫できることはないでしょうか」

と講師が問いかけました。このように講師が答えを言うのではなく、あくまで参加者自身に発見をうながす。そのために、講師は「質問」で進行していくのです。

前提を決めて質問しよう

「発見」という点からみると、研修はふたつのタイプに分かれます。

ひとつは、唯一の正解のあるもの。もうひとつは、唯一の正解がないものです。

前者の代表例は「安全管理」で、「この作業は必ずこうしなければならない」と明確に定め、確実に実行させることが必要です。

この場合、議論が間違った方向に進みそうだったら講師がしっかり介入し、「正解はこれだ」と示すことが必要です。ただし、その場合でも、頭ごなしに正解を伝えるよりも、議論を通じて、まずは参加者自身に答えを考えてもらった方が、納得感は高くなります。「正解が用意されたクイズを出す」というのは、こちらのタイプです。

後者の例としては「職場を活性化するにはどうしたらいいか」というテーマがあります。仮に講師側が正解をもっていたとしても、それがこの現状で最適解かどうかはわからない。さまざまな専門性をもった参加者と講師が一丸となって、一番よいアイデアを探していく。まさに真の意味で、発見のプロセスが求められます。大人の学習、それも集合学習では、圧倒的に後者が多いのです。

その際、工夫が必要です。何のお膳立てもなく「○○について、自由に話してください」と、講師に言われても困ります。そこで講師は、一定の前提をおいた質問をすることによって議論を集中させるのです。

①「○○の問題について、ご意見をお願いできませんか」
②「○○の問題を解決するアイデアを、議論していただけませんか」
③「もし、○○というアイデアをあなたの部署でとり入れるとしたら、どんなメリットやデメリットが考えられますか」

①よりも②、②よりも③の方が前提がおかれている分、議論も集中しやすいし、深まります。どのくらい質問に前提をおくか、それが講師の腕の見せどころです。
よりくわしい説明は、「ライブメソッド36」（P２００）をご参照ください。「講師が使う17の質問パターン」を載せておきました。

のせる対話
参加者を承認して動機づけよう

「あついかみの対話」、最後が「のせる対話」（承認して動機づける対話）です。ここでいう「のせる」には、ふたつの意味があります。

ひとつは「できるから、さあ、やってみよう」と元気づけて、本人を「のせる」という意味です。

もうひとつは、自身の提案を全員の前で発表してもらうこと。つまり、ステージに「のせる」という意味です。後者は、とくにインパクトがあります。なぜなら、ステージにのった人は、その時点で教えてもらう人（受け取る人）から、教える人（与える人）に立場が変わるからです。

ここで、大切なポイントが、2点あります。

・スポットライトを当てる場所を間違わない。

・お互いに敬意を払う。

順に確認しておきましょう。

スポットライトを当てる場所を間違わないこと

もう30年近く前、私がサラリーマンをしていた頃の話です。駆け出しの私は、3年目になってはじめて女性の部下をもちました。とても気の利く人でお客様がいらしたときの接遇から書類の作成まで、キビキビ働いてくれるすばらしい方でした。

当時の部署は不動産開発部。男性職場だったので、彼女が入ってきてくれて花が咲いたようでした。私はいつも気が利く彼女に、「ありがとう」と声がけをしていたのです。

ところが、ある日、気がつきました。それほど喜んでいない。実は彼女は、宅地建物取引士の勉強をしており、表計算ソフトでオーナーの資金計画表などをつくり、遊休不動産の提案もはじめていました。

正直、まだまだのところもあって、手放しでOKというものではありませんでしたが、その努力はすばらしいものでした。ところが、私はそのことについて承認していなかったのです。心の中では応援していましたが、言葉となって出てくるのは、お茶を出してくれたときの気遣いに、「ありがとう」ということだけでした。

完全に、スポットライトを当てる場所を間違えていたのです。本人が本気で取り組んでいるところに、スポットライトを当てることが重要です。

お互いに敬意を払う

あなたは年上の経営者に対して、

「○さん、よくできましたね」

とほめることができますか。何か変ですよね。それは上から目線だからです。そうではなく、

「○さん、あなたが、××してくれたことで、私は勉強になりました」

「○さん、あなたの××のおかげで、とても助かりました」

これならOKです。このように、大人を「のせる」ときは、相手の行為のおかげで、自分ができたことや感じたことを話すとよいのです。これは、「I（私）メッセージ」と呼ばれている技術ですが、その本質は「敬意」にあるのです。

大人が大人に教える場合、たまたま今回は自分が教えていても、別の分野ではこちらが教わる立場、そんなことはザラにあります。だとしたら、講師、参加者を問わず、お互い

が専門家として敬意を払い、横の関係で教えあい学びあう場づくりが重要だと思います。

かの吉田松蔭さんは自らが立ち上げた「松下村塾」に入塾希望者が来ると、こんな話をしていたそうです。

「あなたが入塾したいという気持ち、志はよくわかった。ところで聞きたいことがある。あなたは、私に何を教えてくれるんだい？」

この話を聞いたとき、私は身震いしました。普通だったら入塾者は、「真面目に頑張ります」という答えを用意していたはずです。でも、松蔭が期待しているのはそこではない。「あなたはこの塾にどんな貢献ができるのか」ということです。師匠と弟子の関係ではなく、教えあい、学びあう場を創ろうとしていたのです。

まさにこれこそが、「敬意」の象徴ではないでしょうか。

私は２０１５年に、仲間同士で、教える技術を磨き合う「ライブ講師実践会」（Ｐ２６７）を創立しました。

この話に出会い、「師弟共学――講師も参加者も、ともにお互いの成長を支援しよう」を、会の基本理念としました。

お互いに敬意を払ってこそ、よい学びの場ができると確信しています。

公式 2

事前の準備

これだけで準備はＯＫ。「ワンシート企画書」

大切なのは、自分のしたいことを、自分で知っているってことだよ。（スナフキン）

公式2「事前の準備」の読み方

「段取り8割」と言われますが、研修も同じです。しっかり準備することで当日の進行がスムーズになります。当日、安心して、ライブ感あふれる進行をするためにも、むしろ、しっかり準備をしておきましょう。

公式2は、研修を事前に準備するプロセスと後日の対応についてみていきます。左の図の網掛け部分で、「当日進行」（公式3）以外のところです。

では、具体的に何を準備したらいいのか。

私自身、講師になりたての頃は「ああ、これを忘れた」「あれがない」と、結構ドタバタしていました。実は、今でもときどきポカをやります。

そうならないために、この後に紹介する「たこさあかす」の「ワンシート企画書」で、しっかりチェックしています。

それでは、いっしょにみていきましょう。

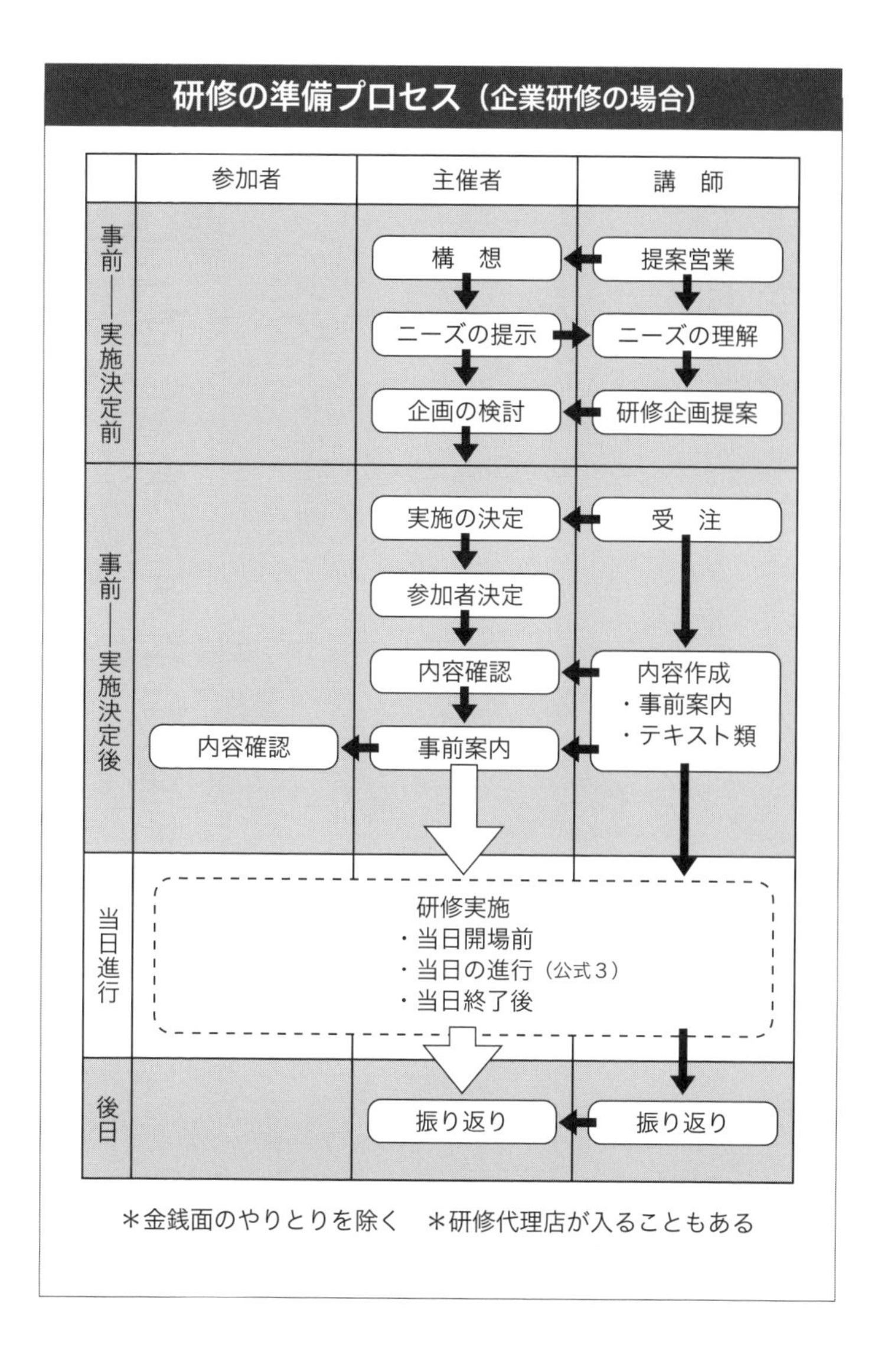
研修の準備プロセス（企業研修の場合）
参加者
主催者
講　師
事前――実施決定前
構　想
提案営業
ニーズの提示
ニーズの理解
企画の検討
研修企画提案
事前――実施決定後
実施の決定
受　注
参加者決定
内容確認
内容作成
・事前案内
・テキスト類
内容確認
事前案内
当日進行
研修実施
・当日開場前
・当日の進行（公式３）
・当日終了後
後日
振り返り
振り返り
＊金銭面のやりとりを除く　＊研修代理店が入ることもある

ライブメソッド 10

ワンシート企画書「たこさあかす」で整理せよ

これが「ワンシート企画書」だ！

こんなシーンを考えてください。あなたはビジネス・コミュニケーションの専門家です。懇意にしている社長（主催者）から話をいただきました。

「どうも最近、社員間のコミュニケーションが悪い。来月は日程がとれるので、半日かけて、コミュニケーション研修をお願いできないだろうか」

さて、あなたは、当日までにどんな準備をするでしょうか（守秘義務契約や講師料といった事務的な手続きを除く）。それに答えるのが、左図の「ワンシート企画書です。この6つの項目を順に埋めていくことで、自然と「研修の企画」が完成します。

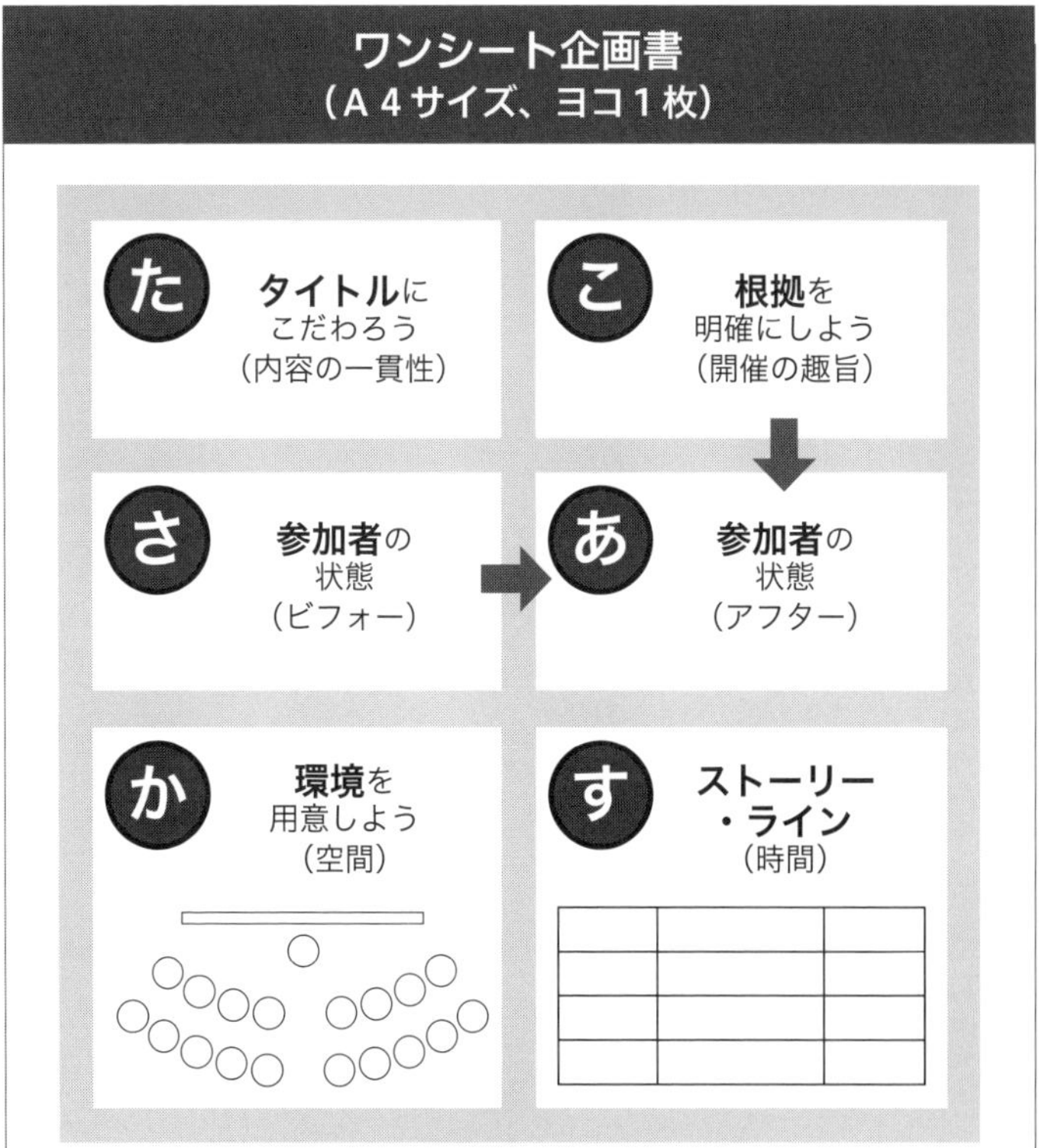

ワンシート企画書
（Ａ４サイズ、ヨコ１枚）

た **タイトル**に
こだわろう
（内容の一貫性）

こ **根拠**を
明確にしよう
（開催の趣旨）

さ **参加者**の
状態
（ビフォー）

あ **参加者**の
状態
（アフター）

か **環境**を
用意しよう
（空間）

す **ストーリー・ライン**
（時間）

**この６つの項目を順にみていくことで、
自然と「研修」の企画が完成する**

●（た）タイトルにこだわろう（内容の一貫性）
●（こ）根拠を明確にしよう（開催の趣旨）
●（さ）参加者の状態（ビフォー）
●（あ）参加者の状態（アフター）
●（か）環境を用意しよう（空間）
●（す）ストーリー・ライン（時間）

6つの準備項目を埋めていこう

準備する項目は6つです。頭文字をとると「たこさあかす」となります。「コミュニケーション研修」の例で、引き続きみていきましょう。次は講師、社長のやりとりです。

・**(た)** タイトルにこだわろう。

講師「わかりました。ところで研修のタイトルは何でしょうか」
社長「う〜ん。コミュニケーション研修でいいんじゃないかな」
講師「わかりました。もし、副題をつけるとしたら……」

といった感じで深掘りします。

・**(こ)** 根拠を明確にしよう。

講師「今回、とくに研修を開催しようと思ったのは、どうしてですか」
社長「実は今、我が社では……」（研修に限らず、経営の悩みを話されている）
講師「なるほど。そうなんですね。わかりました。で、どうしてまた研修を」

こんな感じで共感しながら、背景を探ります。

・**(さ)** 参加者（ビフォー）の状態を整理しよう。

講師「ところで、対象者はどんな方ですか」
社長「まずは、管理職を集めます。15人くらいでお願いします」
・（あ）参加者（アフター）の状態を明確にしよう。
講師「かしこまりました。で、その方々がどうなってくれたらいいですか」
社長「そうだなぁ。お互いがもっと密に連絡をとりあうように、３遊間のゴロがなくなるようにしたいものだ」
講師「というと……」と言いながら、さらに続けます。
・（か）環境を用意しよう。
講師「場所はどこで、いつぐらいに開催しましょうか」
社長「いつも使っている大会議室でお願いします。２カ月後くらいには開催したい」
・（す）ストーリー・ラインを描こう。
講師「了解です。それではプログラム案を準備しますので、来週、ご確認ください」
社長「どんな内容になるのか、楽しみです」
それでは、これらの項目をこれからひとつずつ、みていきましょう。

ライブメソッド 11

（た）タイトルの工夫

軸ぶれをなくし、聞き手をひきつける

はじめにタイトルを考えよう

研修を準備する際、はじめに考えるのがタイトルです。

突然ですが、質問です。あなたは、「1分間スピーチ」の経験はありますか。学生時代や社会人になってからでも、何かの機会に「1分間スピーチをしてください」と言われることがありますよね。朝礼の際、もちまわりで実施している会社も多いようです。

私の研修でも自己紹介スピーチを突然、お願いすることがあります。結構みなさん、上手に話してくれますが、スピーチが終わった後に私は、

「で、今の話のタイトルは？」

と、ちょっと意地悪な質問をすることがあります。すると、戸惑う方が多い。スピーチの内容はすばらしくても、この現象はよく起きます。そうなんです。私たちは「話の中身は

考えても、タイトルまでは考えていない」傾向があるのです。でも、これではいけません。「タイトル」がないと、話があらぬ方向に進んでいったり、単なる雑談になってしまう危険があるからです。研修企画は仮でもいいので、「タイトル」を決めるところからはじめましょう。

それでは、どんなタイプのタイトルがあるでしょうか。次のふたつを比較してください。

・「○年度上級管理職研修」

・「【経営者限定】100名以下の中小企業が1年で、売上2倍の仕組みをつくる！
　競合他社を圧倒する5つの成長戦略」

いかがでしょうか。前者はあいまい。後者の方が明確で、求めていることがわかりやすく伝わってきます。タイトルは、後者のようにしたいですよね。

とはいえ、社内研修の場合、すでに決まった名称がついていることもあるでしょう。その場合は、副題で補います。

・○年度上級管理職研修――【今年度の重点テーマ】新規事業の拡大成長に向けて、部
　下や関係者を巻き込むリーダーシップ。
・課長研修（階層別研修）――現場のマネジメント力を強化する新しい3つのスキル。
・プレゼンテーション研修――一瞬でまわりを魅了する3つのポイント。

いかがでしょうか。副題をつけることで、内容がより明確になりました。

さらに、引きつけるタイトルに

大沢たかおさん、柴咲コウさん主演、2004年の大ヒット映画「世界の中心で、愛をさけぶ」（略称セカチュー）。ご存じですか。作者が最初考えていた原作のタイトルは、「恋するソクラテス」だったそうです。悪くはありませんが、それでは、ここまでの大ヒットにならなかったかもしれません。それぐらいタイトルは大切です。

キャッチコピーの勉強をはじめると、必ず教わる名作があります。

「私がピアノの前に座るとみんなが笑いました。でも弾き始めると！」

ジョン・ケープルズさんというコピーライターが書いた米国音楽学校の通信講座のチラシのタイトルです。これで全米に火がつき、他の多くのコピーライターたちがその後、同様の表現を工夫するようになったそうです。

「私が演台の前にたつと、みんなが笑いました。でも、ひと言、話しはじめたら」

このように、引きつけるタイトルをつけることは研修においても有効です。

プレゼン研修の副題にそのまま応用できそうですね。

はじめに考えることは、研修のタイトルです。仮でよいので名前をつけましょう。

そして、最後まで考え続けるのも、タイトルです。もっとわかりやすく、もっと心ひかれる表現はないかと、ギリギリまで言葉の工夫を続けましょう。

引きつける研修タイトルの例

（経営戦略）

・ESとCSを同時に達成する！ 経営品質向上３つのポイント
・粗利益を２倍に増やす～社長にしかできない営業戦略
・情報なくして戦略なし～高付加価値を生む法人営業戦略
・「すべてはお客様のために」のウソ高付加価値を狙う、事業戦略策定のコツ

（組織・人材）

・８割の普通の社員を、２週間で「できる社員」に変える「稼ぐチーム」のつくり方
・教える技術を磨き上げる
社内講師のためのだれでもできるワークの企画と進め方
・パートもバイトもグングン育つ〇〇式人材活用制度の導入法

（コミュニケーション）

・ダラダラ会議はさようなら～生産性が２倍になる会議の企画と運営方法
・今までのコーチングは何だったんだ～ビジネス現場で結果を出すスピードコーチングの実務
・パワーポイントを使わないプレゼンテーション～ストーリーテリングの基本を学ぶ
・メンタリストに学ぶ交渉術の基本と実践

ライブメソッド 12

(こ)根拠を明確にする「なぜ、今、わざわざ」を腹落ちさせる

なぜ、忙しいのに人を集めるのか

次に「根拠」を明らかにします。企業研修のケースで考えてみましょう。研修を依頼された外部講師が、社長に聞いています。

「今回、とくに研修を開催しようと思ったのは、どうしてですか」

根拠を聞いています。言い方を変えると、開催の趣旨です。

「なぜ、忙しい中、わざわざこれだけのメンバーを集めて、交通費をかけて、リアルで〇時間を拘束してまで研修を行うのか。他の手段（Eラーニングやの〇JT）ではダメなのか」

しつこくても、しっかり確認します。自主開催の研修ならば、「参加することで、参加者個人にどんなメリットがあるのか」といったベネフィット（P93）を先に固めますが、

ここでは後回しにして、あくまで主催者側の思いや覚悟を明確にします。

企業研修では参加者が、プロジェクト・オーナー（最終責任をとる意思決定者）ではないからです。ここを取り違えると大失敗します。たとえ参加者アンケートでは「楽しくてよかった」と満足度が高かったとしても、本来の趣旨を満たさなければ、企業研修としてリピートはありません。そのためには、

・主催者として、なぜ今、実施したいのか。
・研修が成功したとしたら、どんな経営上のメリットが得られるのか。
・他の研修やプロジェクトの関係性、相乗効果をどう考えるか。
・参加者には何を期待しているのか、どんな貢献をして欲しいか。
・集合研修以外の方法でこの趣旨を実現することはできないのか。

といったことを確認します。それによって研修効果の測定もできるようになります（P122）。

主催者と共につくり上げていく

とはいえ、前ページのような質問を、企業内研修担当者に向けても、あいまいなこともあるでしょう。理由はいくつか考えられます。

①今までやっていたから、とりあえず今年も研修を実施している（目的意識なく継続）。
②経営者には「思い」があるが、研修担当者にまで届いていない（社内間の情報断絶）。
③集合研修の方が効果的だと思うが、言葉に説明できるところまで明確になっていない。

いかがでしょうか。こんな場合、あなたが講師だったらどう感じますか。

私は「チャンス！」であると、とらえます。企画を研修担当者と一緒になってつくり上げていくことができるからです。

担当者にとっては、無料でコンサルティングを受けるようなものですし、何より意味のある研修を実施できるわけですからメリットがあります。講師にとっても、的を射た研修ができるのでプラスになりますが、実はもうひとつ、大きなメリットがあります。それは、研修担当者を育てることができる点です。これは大きい。研修に興味をもってくれると、こちらの提案もしっかり聴いてくれるようになりますし、何より「研修を診る眼」をもってもらえるのがありがたい。

　最近は、こんなコメントをいただけるようになりました。

「寺沢さんと、研修の仕事をして、他の講師のアラが見えるようになってしまいました」

　ちょっといやな言い方ですが、こうなってしまえばリピートは確実です。本当に質の高い研修を提供できる講師こそが選ばれる、そんな世の中にするためにも、情報の非対称性（発注側が価値をよくわかっていない状態）を解消していきたいと思っています。「ライブ講師実践会」の会員が日々、教える技術を磨いているのも、そのためです。

　さらに、研修担当者だけでは、よくわからないこともあるでしょう。複数事業を展開している企業の場合、間接部門の人材育成担当では、各事業部の細かなニーズや悩みまでは把握できていないことがあるからです。その場合も、また「大チャンス！」です。

「それでは、そのことをくわしくご存じの方のお話を聴かせていただけないでしょうか」

　こう聴けばよいからです。関係者を企画段階から巻き込むことで、さらに本質をついた研修企画ができるでしょう。

◆秘伝◆ カスタマイズ研修で腕を磨こう

企業の研修担当者と話をつめていくと、やはり標準的な研修では効果が薄いと気づくことがあります。このとき、とるべき方法は2つあって、

・今さら大変なので、標準プログラムでいく。
・最適なプログラムにするために、とことんカスタマイズする。

研修会社の営業であれば、前者をおすすめするでしょう。「変にカスタマイズするよりも、実績のある標準プログラムの方がよいと思います」と言うのではないでしょうか。

そんなとき、私は必ず後者の道を選んでいました。いわゆる「カスタマイズ研修」です。正直、手間はかかります。その分のフィーがいただけるという保証はありません。

では、何でやるのか。それはおもしろいからです。そのおもしろさの先に、心から満足してくれる参加者や主催者の顔が浮かぶからです。

ハードのものづくりでは、カスタマイズは大変です。しかし、研修というソフトの場合、講師の度量や経験があれば何とかなるものです。正直、最初は大変でした。しかし、経営コンサルタントとしての経験が100業態を越えたあたりから、パターンが見えてきて、その会社にとっての重要成功要因が何かを意識できるようになってきたのです。場数です。

それもクライアントと共に知恵をひねり出す経験です。あなたの分野でも、似たようなことがあるのではないでしょうか。

スケールメリットが出にくいので全員にお勧めはしませんが、「カスタマイズが楽しい」と思える方は、ぜひ、挑戦してみませんか。

組織開発、キャリア開発で有名な心理学者、エドガー・ヘンリー・シャイン（Edgar Henry Schein）さんは、コンサルタントの進化のプロセスをこう示しています。

・昔――情報提供型コンサルティング↓コンサルタントがクライアントに知識を与える。
・今――医者患者型コンサルティング↓コンサルタントが患者であるクライアントを治す。
・未来――プロセスコンサルティング↓クライアント自身が内部や外部で起きている出来事のプロセスに、気づき、理解して、それにそった行動ができるように支援する。

プロセスコンサルティングの領域に向かうためにも、カスタマイズ研修の経験は大きなチャンスなのです。

ライブメソッド 13

（さ）参加者を知る 受け手の「参加前」の様子を観察しよう

準備段階から押さえておきたい5つの属性

３つめは、「参加者」に関してです。研修でも、スピーチでも、営業でも、会議でも同じことが言われます。それは、

「まず、相手を理解することが重要だ」

それはその通り。問題はその先です。相手の「何を」理解したらいいのでしょう。研修の場合、実はとてもシンプルです。それは次の5つです。

①参加人数、参加者の属性（年齢や男女比など）。

②参加者自身の忙しさ（超多忙の中でやって来ているか、余裕をもって来ているか）。

③知識・技術レベル（どのくらいすでにわかっているのか、できるのか）。

④やる気レベル（学習に前向きか、そうでないか）。
⑤関係性のレベル（参加者同士は知り合いか、参加者と講師は知り合いか）。

そして講師は、研修受講前（ビフォー）と、参加後（アフター）で、これらの状態を変化させるわけです。といっても、①、②は基本的に変化しませんよね（途中退出で人数減、急用が入って忙しくなる、研修期間中にお誕生日ということはあるかもしれませんが）。講師が意識的に変えていくのは、③、④、⑤です。

すでにお伝えしているとおりライブメソッドは、「わかる」「できる」だけでなく、参加者自身が「やる」ところまで面倒をみるメソッドです（P34）。

そのため「③知識・技術レベル」の向上はもとより、「④やる気レベル」を上げて、終了後は参加者が自発的に行動するようにうながしたり、「⑤関係性」の強化によって、参加者同士が助け合って目標を達成するように導いたりします。

ですから、まず開始前の状態として、この5つの属性を押さえておきたいのです。

「知識・技術」×「やる気」を把握せよ

属性の中でも、とくに「③知識・技術レベル」と「④やる気レベル」を把握することが重要です。

これらをマトリクスにしてみると、次の4パターンになります。

①知識・技術もあり、やる気もある人――「最高の参加者」。
②知識・技術はないが、やる気はある人――「残念な人」。
③知識・技術はあるが、やる気がない人――「一言居士」。
④知識・技術も、やる気もない人――「ゾンビ」。

実際、どんな人がいるのか、当日までわからないことも多いでしょう。それでも研修をはじめていくと徐々にわかってきます。それぞれのタイプにどう対応したらいいのかも、左図にまとめておきましたので、参考にしてみてください。

参加者の属性（知識・技術×やる気）、その特徴と対応

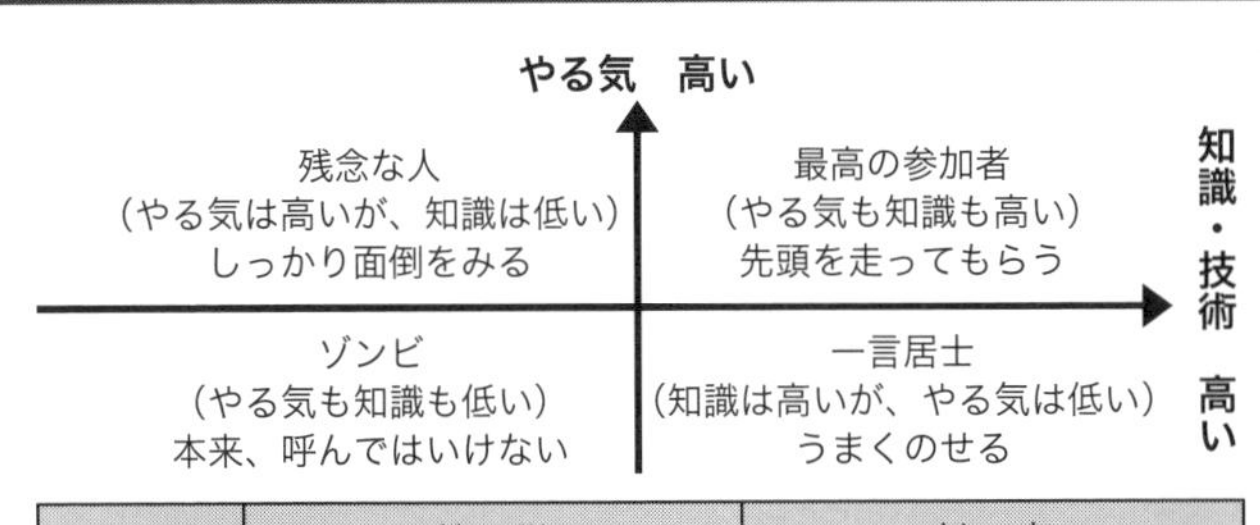

	特　徴	対　応
最高の参加者	●知識もやる気もある ●積極的に参加してくれる先頭を走ってもらう ●飽きてしまう可能性がある	●モデルになってもらう（あの人に追いつきたい） ●質問を受けて、答えていく ●「オレ様」モードになる人に注意する
残念な人	●やる気はあるが、知識・技術の習得スピードが遅い ●参加者全員の注目を集める ●人柄はよいことが多い	●しっかり面倒みる。ただし全体進行に影響がありそうなら、個別に対応する ●応援し続ける ●選択式の問題を出す
一言居士	●知識はあるが、やる気はない ●【A】「そんなことわかっている」と思っている。関心がうすいタイプ ●【B】実は、反対の気持ちを隠しているタイプもいる	●左記の【A】【B】タイプは全く別。注意する ●【A】関心薄い人には、ピンポイントで解説をお願いして教える側に引き込む ●【B】反対の人には、個別で対応する
ゾンビ	●やる気も知識もない ●本来、参加する必要がない（自費参加の場合はないが、企業研修に参加している可能性がある）	●形式上、やむを得ず出席している場合は、あまり関わらない（本人もそれを望んでいるはず）

◆秘伝◆ 人柄は「話しぶり」で読める

「○○さんは、○タイプ」というように判別する方法は、心理学テストをはじめ、さまざまなものがありますが、その人がテストを受けない限り使えません。そこで、研修中はその人の「話しぶり」からタイプを見立て、それにあわせて話し方を変えていきます。

でも、それって結構大変ですよね。だから、あまり細かい分類はしません。使えませんから。交渉の場だったら、もう少し細かく対応するかもしれませんが、研修中、私自身が意識しているのは、次の3軸です。

〈快の追求タイプ・苦痛の回避タイプ〉

・快の追求タイプの方には――「もし、これらできたら、どんなにすばらしいことでしょう。だからやりませんか」と誘う。

・苦痛の回避タイプの方には――「もしやらなかったら、どんなに大変になることでしょう。だから今のうちにやりましょうよ」と誘う。

〈内的参照タイプ・外的参照タイプ〉

・内的参照タイプの方には――「あなた自身はどう思いますか」「あなたらしいのは、どちらですか」と問う。

・外的参照タイプの方には――「○○の調査によると××ですが、どうでしょうか」「このことについて、お客様はどう思っているでしょうか」と問う。

〈本人充実タイプ・他者貢献タイプ〉

・本人充実タイプの方には――「この仕事で、あなた自身はどんな利益を得たいですか」と問う。

・他者貢献タイプの方には――「この仕事で、だれが喜んでくれるとうれしいですか」と問う。

せいぜいこのくらいですが、それでも相手が使う言葉をしっかり聞き、どちらのタイプかを判断して、それに言葉をあわせて進めていくと、やはり効果的です。

ライブメソッド 14

(あ)アフターの姿を共有する
変化の状態を思い描け

「アフター」の満足度は3項目で確認せよ

研修終了のチャイムが鳴りました。ちょうど時間です。

「これで、今日の研修を終わりにします。参加者全員に拍手で終わりにしましょう。ありがとうございました」(パチパチパチパチ)。

講師のひと言で会場内が拍手の渦になり、やがて片付けをして一人ひとりがドアから出ていきます。このときです。参加した一人ひとりにとって、

①知識・技術レベル——何が「わかって」何が「できていたら」研修は成功だろうか。
②やる気レベル——どんな気持ちになって、何を約束していたら、研修は成功だろうか。

③関係性のレベル――お互いのことを、どう感じていたら、研修は成功だろうか。

これらの３項目を明確にするのが、参加者の状態「アフター」を明確にすることに他なりません。たとえば「財務研修」だとしたら、

①知識・技術レベル――損益計算書（Ｐ／Ｌ）と貸借対照表（Ｂ／Ｓ）のつながりを理解し、財務分析ができる。

②やる気レベル――財務に対する苦手意識がなくなっている。もっと学びたい。

③関係性のレベル――参加者同士が教えあうことで、協力関係が生まれている。

という姿を決めて、必要に応じてより詳細の定義（財務分析のなかで損益分岐点分析ができる）を加えていくとよいでしょう。

また、ベネフィットについても、しっかり訴求しましょう。

ベネフィットとは、参加者本人にとっての「お得」なこと、「メリット」のことです。たとえば、自動車の運転講習ならば「免許の更新」、資格試験なら「合格」、企業内の選抜研修なら「昇進」といった、この研修に参加すれば得られる成果のことです。自腹で参加する研修は、ベネフィットをしっかり訴求しないと、申し込みにつながりません。

さらに、将来にも役立つだろうと思える要素（例 この知識があれば、将来、海外に赴任するときにも役立つ）や本人以外のだれかの役に立つこと（例 この技術は、災害ボランティアでもいか

せそうなど）も加えることで、ベネフィットは強化されます。

2方向からの要求を重ねる

ここで、再度「ワンシート企画書」（P73）をみてください。参加者の状態（アフター）のところには、2方向から矢印が来ています。

ひとつは「根拠」のところから、もうひとつは「参加者の状態（ビフォー）」から。

P81でお話しした通り、企業研修では、プロジェクトオーナーと参加者は異なります。

簡単に言うと、お金を出す人と参加する人が異なります。

ですから、それぞれの要求を重ねなければなりません。

これは、親がお金を支払う子どもの習いごとと同じです。親のいいなりでは、子どもはやる気をなくし、子どもの好きにさせると、当初の目的からずれてしまいます。

アフターの状態は、こうした2方向の要求の共通点を重ねたものであることが必要です。

新たな欲求を生む「未満足」状態をつくれ

もし、あなたの研修が1回限り、それ自体で完結するものであれば「最高の満足」を目指すことです。よい映画を観た後のように、満ち足りた気持ちで帰ってもらいましょう。

しかし、ライブメソッドで狙っているのは、「行動をうながす」こと。アフターの時点で「さっそく、学んだことを試してみたい」という気持ちになって欲しいのです。これは「満足」ではない。かといって「不満足」ではない。

私はこれを「未満足」と呼んでいます。新たな欲求が生まれている状態です。

連続型のセミナーならば、次も出席したい。紹介目的のセミナー（フロントエンドセミナー）ならば、「もっと学びたい」「個別に相談したい」という気持ちになってもらうことが必要です（Ｐ１６４）。「未満足」の状態をつくることが、リピートされる講師になるための第一歩なのです。

ライブメソッド 15

(か)環境に心を配る 必ずチェックしたい12項目とは?

「準備一覧」をつくれば漏れはなくなる!

ここまでタイトル、根拠(開催趣旨)、参加者の状態(ビフォー・アフター)を確認してきました。これらも含めて、研修実施の「環境」全体について漏れがないように一覧にしました。参加者に提示する部分と、主催者側だけで共有する部分に分けてあります。

全部で12項目。「①日時」「②場所」からはじまり、「⑫名簿」までをチェックしましょう。

まずは、漏れのないように一覧で確認しましょう。

これらをまとめて「事前案内(招待状)」(P100)を作成します。

研修で準備すること（一覧表）

網掛け部分が、チェックすべき環境の12項目

	参加者に提示する部分	主催者側だけで共有する部分
（た）	【タイトル】	
（こ）	【根拠・開催趣旨】	議論の経緯など
（さ）	【参加者情報】	個人属性など
（あ）	【アフターの状態】	
（か）	【環境】	
①	日　時	スタッフ集合時間
②	場　所	会場詳細情報
③	服　装（ドレスコード P39）	
④	持ち物	
⑤	事前課題	進行表詳細版
⑥	グラウンド・ルール（P149）	
⑦		レイアウト（P108）
⑧		会場設備（P131）
⑨		持ち込み備品（P131）
⑩		テキスト（P104）
⑪		根回し
⑫		名簿（スタッフを含む）
（す）	【ストーリー・ライン】	
	目次程度	詳細版

環境の力をフル活用する

私は新人の頃、ファッションビルの企画をしていました。エスカレーターのお客様は、降りてから7割が左まわりに歩きます。これは、ヒトの習性です。

ピンク色の壁の部屋はグリーンの壁の部屋と比べて、時間が経つのが遅く感じられます。これも、ヒトの習性です。このように私たちは、知らず知らずのうちに環境から影響を受けているわけですが、これは、研修も同じです。

たとえば、マリア・モンテッソーリさんという医師の考え方を取り入れた幼児教育がありますが、ご存じでしょうか。あの経営学者ドラッカーさんも学んだ教育プログラムです。ここでは、環境の力を十二分に活用しています。

一例を示しましょう。モンテッソーリ教育では、子どもの自発性を大切にしており、小さなうちから、自分で服を着る習慣をつけることを推奨しています。そのために何をしているか。実は「ボタンではなく、マジックテープの服を用意している」のです。

正直、親としては、ボタンを留めてあげた方が楽ですよね。そこをあえて手間をかけ、マジックテープのついた服という環境を用意し、それを自分の手で留めさせています。

この話を聞いたとき、正直、ちょっとゾッとしました。こちらの意図は表に出さず、押しつけることなく自然に、子どもが自分の足で歩いていくように導いているからです。こうした大人の工夫や努力を、子どもは意識しません。これがポイントです。

この考えをビジネス研修に当てはめると、開始前から場を和ませるために軽やかなＢＧＭを流しておく。外に気が散らないように、窓のブラインドを下げておく。早く来た人のために、スライドにはクイズを掲げておく。前の席から座ってもらうように、イスの数を入場にあわせて増やしていく。

こうした工夫や努力を、参加者は意識しません。これがポイントです。

このように講師としての意図をもちながらも、それを表面に出して押しつけることなく、意識させずに相手を誘導できる。それが環境の力です。

ドアを開ければ入場します。イスがあれば座ります。ペンを渡せば書きはじめます。テキストを配付すれば、パラパラめくります。言語（言葉での指示命令など）でなく、非言語（環境）に気を配り、うまく活用して進めていくことが、実はとても重要なのです。

ライブメソッド
16

事前案内は招待状
参加者に思いを伝え、興味を引き出せ

事前に招待状を送る

「参加者に届ける事前案内」と聞いて、あなたはどんなイメージをおもちでしょうか。中には、分厚いケーススタディーを読んでこいという事前課題を出す、タフな研修もありますよね（ケースメソッド、P244）。

事前案内のポイントは、次の3点です。

・招待状を送るつもりで用意する。
・ジブンゴトに導く。
・知識とやる気を引き出す。

まず、1点目です。心から大切に思っている人を、あなた自身の重要なパーティーに招待するとしたら、招待状にどんなことを書くでしょうか。

・参加者を大切に思っている気持ち。
・参加者にお願いしたいこと（当日、スピーチして欲しいなどの期待、役割）。
・それまでに準備しておいて欲しいこと。
・当日のサプライズのための伏線（これは、ばれないように潜ませておく）。

など、いろいろアイデアがわくのではないでしょうか。

研修の「事前案内」もまったく同じです。もし、あなたが事務的でつまらない「事前案内」を送っているとしたら、今日からそれを変えましょう。事前案内は「大切な人をお誘いする招待状」。そう考えるだけで、内容や表現が大きく変化するはずです。

事前案内に記載する具体的な項目は、「ワンシート企画書」にある「たこさあかす」のダイジェスト版です（P97）。

とくに、（さ）参加者（ビフォー）では、なぜ、あなたに来て欲しいのか。どんな役割をもって貢献をして欲しいのかなどをしっかり

主催者からのメッセージ

伝え、（あ）参加者（アフター）では、目指す姿と研修を受けた後、どうなって欲しいのかを明確に伝えましょう。

ジブンゴトに導く

2点目です。研修までの間、1カ月前〜前日まで、参加者にはこれからはじまる研修について、いろいろ思いをはせてもらいましょう。

小学校の頃を思い出してください。たとえば、あと1週間で遠足というとき、あるいは、はじめての合宿キャンプの前日、ドキドキ、ワクワクしながら過ごしたのではないでしょうか。私自身は学生時代、バンドをやっていましたが、本番前1週間くらいからは、アドレナリンが出たままでした。

さすがに研修参加者として、ここまでのことはないでしょうが、それでも「研修参加前からジブンゴトにしてもらう」ことが重要です。そのためにこそ、たとえば

・CS研修なら、「自分が受けた最高のサービスを思い出しておいてもらう」

・リーダーシップ研修なら、「今までに出会った尊敬できる人について、なぜ、尊敬できたのかを考えてきてもらう」

といった事前課題を出しておきます。可能なら、事前に何か調べごとをしてもらってから集まると効果的です。

知識・技術を平準化せよ

3点目。これは、すでに多くの講師が実施していることかもしれません。本を読んできてもらったり、問題を解いてもらうことで、事前に、参加者の知識レベルの差を解消しておきます。

場合によっては、参加者同士に事前に集まってもらい、お互いの意見交換をしておいてもらうのもいいでしょう。

そこまでできない場合でも、事前課題を研修当日以前に回収し、講師が一読できれば、開始前に、知識や技術のレベルやそのバラツキを確認することができます。

いずれも当日の進行がスムーズに運ぶにはどうしたらいいかを考えて、事前にできることを見つけましょう。

ライブメソッド 17

テキストの準備

絶対に揃えたいテキストとは？

研修にテキストを役立てるために

研修で使うテキストを、あなたはどんな形式で用意していますか。大きくは４タイプあります。

・レジュメ　内容が進行にそって、箇条書きに整理された資料。
・スライド　スライド制作ソフトによって作成された資料。
・ワークシート　内容を示しながらもノートのような機能をもちあわせた資料。
・書籍・資料　内容をくわしく、文章などで表現した資料。

この順番で情報量の少ないものから、多いものになっています。
それぞれのメリット・デメリットは左記の通りです。
また、これらを補うものとして「板書の技術（P210）」があります。

テキストの種類と特徴

種類と内容	メリット	デメリット
【レジュメ】 ・内容が、進行にそって箇条書きに整理された資料（A４タテ１枚の配付資料など）	・内容の全体が一覧できる ・作成に手間がかからない ・その場で話の内容を変更することができる	・詳細内容までを読んで（見て）理解することはできない ・復習に使いにくい
【スライド】 ・パワーポイントなどのスライド制作ソフトによって作成された資料（投影用と配付用がある）	・投影することによって１枚のスライドに全員の意識を集中させやすい ・効果的なビジュアル（写真、動画）を活用しやすい	・各スライドの構成（タイトルやメッセージ）やスライド間のつながりに注意が必要
【ワークシート】 ・内容を示しながらも自書式のノートのような機能をもちあわせた資料（A４タテ１枚の配付資料など）	・穴埋め式や自書式にすることで参加者自身が内容を記憶に残すことができる ・ノートを完成させる喜びがある	・スライドと比べてビジュアル表現がしにくい
【書籍・資料】 ・内容をくわしく、文章などで表現した資料	・詳細がわかる ・予習、復習に使える	・時間内で、全部を読み合わせることは不可能であり、ムダが多い

理想のテキスト、理想のスライドとは？

それでは、理想のテキストはどれでしょう。研修の種類によって、最適な組み合わせは異なりますが、私が考える理想は、

・予習、復習に使える（独学できる）書籍があって、
・当日は、それと連動したスライド資料があって、
・書き込みをする場面では、ワークシートが用意されている。

この形式ではないかと思っています。ただ、これらを全部準備するのは大変ですよね。そもそもすべてのテキストを書籍として出版できるわけでもありません。そこで、実務的には、

・スライド資料をしっかりつくり、他の資料で求められる要素を包含する。

こうした方法をとっています。スライドの中に（　）欄を設けて、ワークシートのように使えるようにしたり、必要に応じて、スライドの解説を文章化した資料を配付します。

スライド型のテキストを作成する手順は、次の通りです。

①全体のストーリーを何枚の紙芝居で書くか、おおよその見当をつける（下図の例は表紙を除いて11枚）。

この際、普段の自分の講義スピードをもとに、たとえば、1スライド平均2分なら22分の講義用と見積る。

②1枚のスライドには、ひとつのメッセージだけを入れる（ワンシート・ワンメッセージ）。

③それぞれのスライドを順に並べて、紙芝居のように語れるか、リハーサルをしてみて内容を調整する。

④必要に応じて、メッセージを補うデータなどを入れる。

こうしたテキストを使った具体的な進行については、P154をみてください。

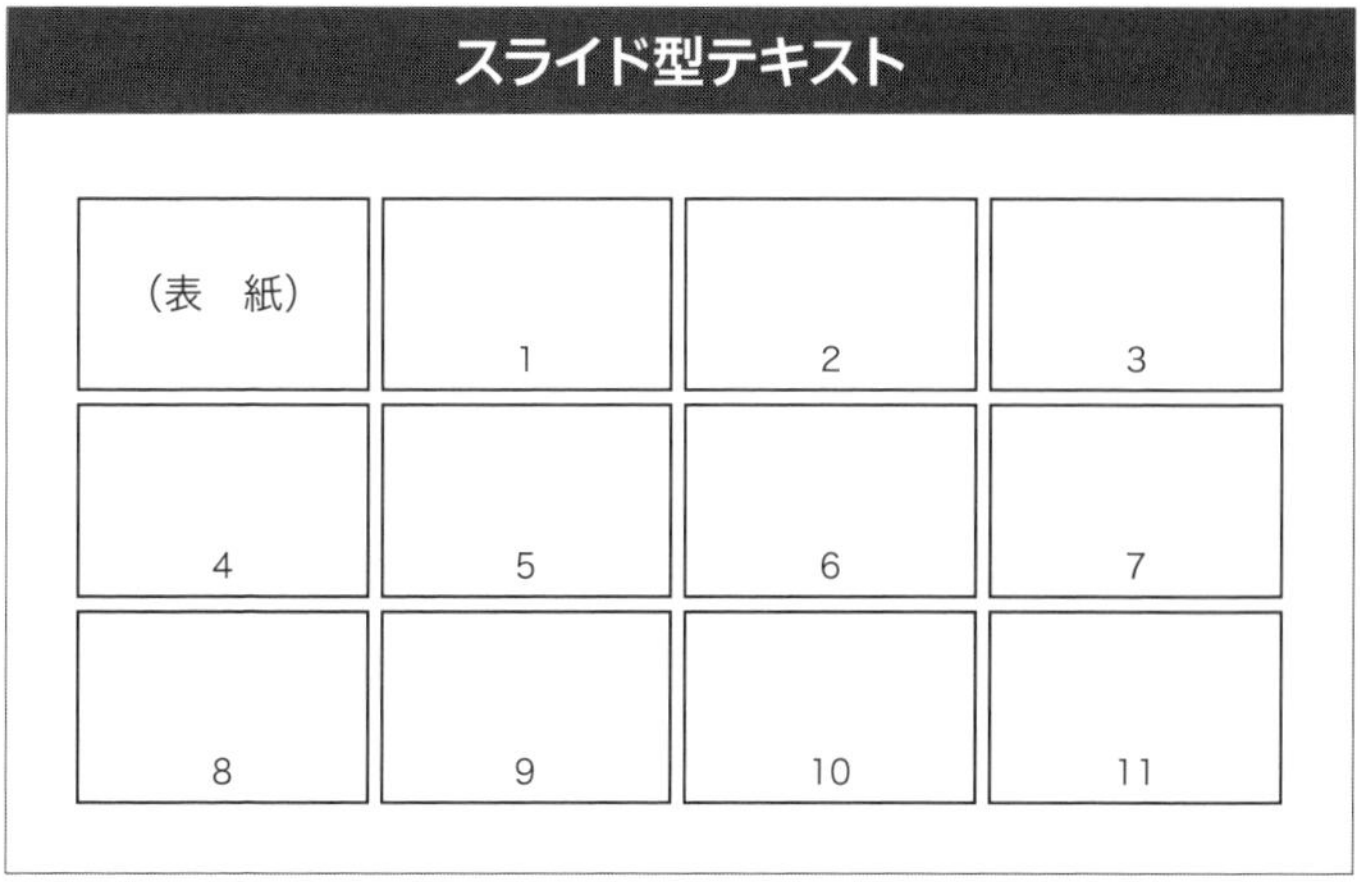

スライド型テキスト

（表　紙）	1	2	3
4	5	6	7
8	9	10	11

ライブメソッド 18

レイアウトを決める
「イス」を使って効果的な環境をつくる

「机なし」「イスだけ」でレイアウトせよ

基本的には、机なし、イスだけのレイアウトをおすすめします。その理由は、
・部屋が広く使える。
・机がない分だけ近づいていて、親近感がわきやすい。
・席替えが簡単にできる。
私自身、オープニングで前に意識を集中させたいときは、Aのシアター形式をとります。一人ひとりの自己紹介からはじめたいときは、Bのイスだけの車座からはじめます。ケースメソッド（P244）などで、持ち込み資料が多いときは、Eの机ありの島型も活用します。

レイアウトのパターン

<table>
<tr><td>

A イスだけのシアター形式

・お互いの距離感が近い
・1点に集中できる

</td><td>

D イスだけの島形

・グループで議論するのに最適
・ホワイトボードに集中できる

</td></tr>
<tr><td>

B イスだけの車座

・上下の関係なし
・お互いの顔が見える

</td><td>

E 机ありの島型

・資料が多い、グループワークのときに

</td></tr>
<tr><td>

C イスだけの少人数ワーク

</td><td>

＊短時間で、参加者同士の信頼関係を深めるには、机なしのレイアウトの方が効果的

＊イスの数は、ぴったり参加者分にあわせる。一人ひとりを迎え入れるという気持ちが大切なため

＊部屋の広さは、1人あたり4〜5平方メートルあるといいでしょう

</td></tr>
</table>

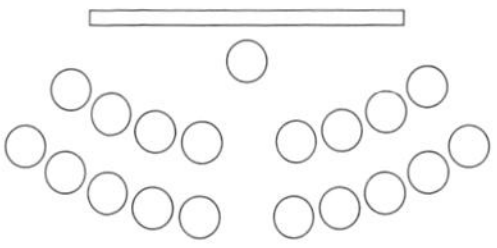

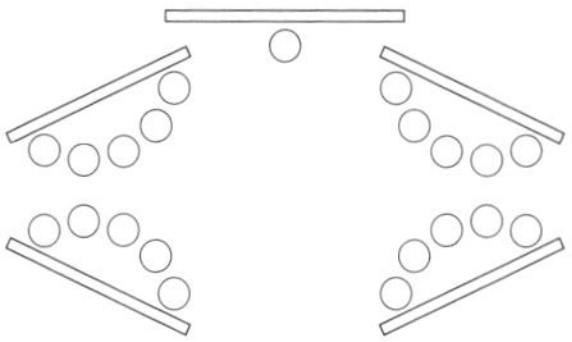

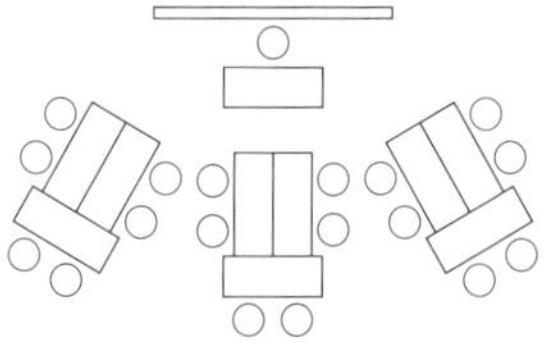

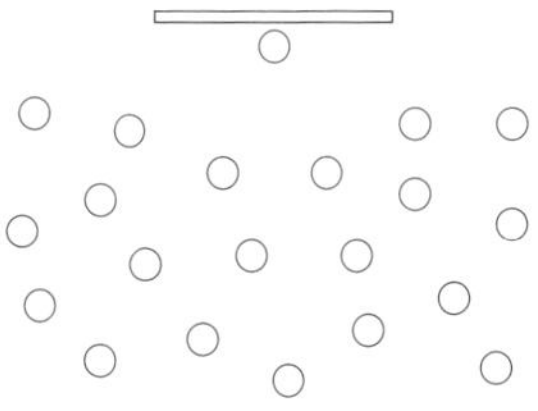

会場や備品類にも注意を払おう

ここで、あなたに質問です。もし、「整理整頓を伝える」学習の場で、ホワイトボード・マーカーがかすれていたら、どう感じますか。接遇研修なのに受付が無愛想なのと同じくらい一気に信頼感をなくしますよね。

「マーカーがかすれている」という状態は、マーカーにとっても、ホワイトボードにとっても、本来の役割が果たせない、モノに対する敬意を失する行為と考えられるのではないでしょうか。

実は私自身が駆け出しの頃、先輩にかなり叱られた経験があります。

「それでは、これから〇〇のビデオをご覧いただきましょう」

講師が場を盛り上げ、スクリーンに参加者の意識を向けさせ、いよいよというときに、ビデオが映らない。あるいは、段取りが悪くて間があいてしまう。最悪なのは、そのときになって音量調整するなど、申しわけないことをした経験があります。自分が教える立場になってみて、こうした手際の悪さが参加者のやる気をそぐ要因になっていることを実感しました。

素人ほど甘く考えていています。自分の鈍感さに気づかないのです。こういうところで、プロと素人の差が生まれます。会場や備品類には細心の注意をはらいましょう。

会場全体に対しても、個々の備品に関しても、「敬意」（ＲＥＳＰＥＣＴ）が大切なのです（Ｐ66）。

また、室内レイアウトとは別に、会場外のことにも意識を配りましょう。

わかりにくい場所にある会場でも、レイアウト（道）は変えられません。その代わり、事前に地図を渡す、動画で道案内をするなどの工夫をします。

また、トイレ、自動販売機、喫煙所、非常口、荷物室など参加者にとって必要な施設や設備については、事前に確認して案内できるようにしておきましょう。こうしたおもてなしの心が、研修を成功に導きます。

ライブメソッド 19

（す）ストーリー・ラインを描く 研修はいつでも「見える化」しよう

ストーリー・ラインとは何か？

ストーリー・ラインとは、本来、映画や小説などの企画制作段階で使われる言葉で、「物語の流れ」のことです。

映画「スター・ウォーズ」を説明するとき、あなたはどう説明するでしょうか。

「何者にもなれず悩んでいた若者が、たまたま帝国軍に囚われた姫のSOSを傍受して、反乱軍に身を投じて姫を救い出す話」。ひと言なら、こうでしょうか。この表現を「ログライン」と言います。でも、これでは身も蓋もない。かといって、シナリオを全部読み上げたら、説明としては長すぎます。

ログラインとシナリオの中間、物語のおおざっぱな流れを示すのが、ストーリー・ラインです。財務管理研修の例で示すと、左図のとおりです。

「財務管理研修」のストーリー・ライン（例）

	シーン（内容）	知識・技術	やる気
0	（開始前） **ビフォー**	●日常では見ない（とくに、B/S）	●財務は苦手 不安だなぁ
1	10:00 オープニング ・オリエンテーション ・趣旨説明 ★アイスブレイク ・研修のゴール・目次 ・グラウンド・ルール	●自分のレベルがわかっている （事前課題を通じて） ●今日のゴールがわかっている	●必要性を感じている ●やればできるかもという可能性も、少し感じている

（それでは、いよいよ）↓

	シーン（内容）	知識・技術	やる気
2	11:00 財務用語に慣れよう ★クイズ形式 「収益・費用」 「収入・支出」 「益金・損金」	●P/LとB/Sの科目名を理解している	●シンプルに押さえていけばいいんだという安心感がある
3	13:00 取引を記録してみよう ★超簡単ビジネスゲーム P/LとB/Sで記録 グループで学習	●P/LとB/Sの数字のつながりがわかった ●感度分析がわかった	●数字で理解するのはおもしろい あいつには負けたくない

（昼休みです）↓

	シーン（内容）	知識・技術	やる気
4	15:30 事業計画をたててみる ★個人演習（穴埋め） ＆フィードバック	●P/LとB/Sの数字が実感できた	●手を動かしてみるとよくわかる
5	16:30 **アフター** エンディング ・まとめとQ＆A ・今後に向けて	●P/LとB/Sの数字のつながりを実感した	●意外にできる （自信） ●もっと学びたい

ストーリー・ラインとは、研修の「見える化」をすることです。どんな流れで進んでいくのか、講師だけでなく関係者と共有するのに、とてもよい方法です。進行時間を加えたり、それぞれのタイミングで必要とする備品を加えたり、場合によっては、照明やBGMの指示をいれていくと、どんどん詳細になっていきます。

なにより一番のメリットは、研修全体のつながりが見えてくることです。あなたが教えなければならない内容（コンテンツ）が、4つあったとしましょう。

仮にそれがA、B、C、Dだとすると、いつもどおり「A→B→C→D」の順番でいいのか、今回は、「C→A→B→D」にしてみようか。あるいは、別の「E」を入れてみようかなど、並べ替えて検討していくのに便利です。

私は表形式で書く前に、付箋紙に今日教える内容を書いて、それを並べ替えることで検討を進めています。あなたも時間内に収まるか、たいくつな時間はないかなど、工夫しながらレイアウトしてみてはどうでしょう。

参加者の状態はシーンごとに明確にせよ

前ページの例では、シーン0（事前の状態）から、シーン1、2、3、4、5と5つのシーンがあります。それぞれのシーンには、内容の説明が簡単に書いてあります。

同時に「知識・技術」と「やる気」の欄があり、これは、それぞれのシーン終了時点での参加者の「知識・技術」と「やる気」を示しています。これがストーリー・ラインにおけるマイル・ストーンになります（マイル・ストーンとは、本来、1マイルごとに置かれた道しるべとなる石のことですが、ここでは、中間時点でのゴールを示す意味で使っています）。

なお、「知識・技術」と「やる気」の欄の、シーン0（開始前）の部分（網掛け）と、シーン5の部分（網掛け）は、それぞれ参加者の研修参加前（ビフォー）の状態と、研修終了後（アフター）の状態を示しています。

このようにみるとストーリー・ラインは、参加者のビフォー・アフターに架ける橋であるとも言えるでしょう。そして、ストーリー・ラインに沿って各シーンを終えるたび、参加者は少しずつ成長していきます。

迷ったら先人の知恵に学べ
7つの定石を確認する

ドラマに「起承転結」という定石があるように、研修にも基本的な並べ方の定石があります。すでにみた「あついかみの対話」も、重要な定石のひとつです。ただし、これは1日の研修の構成というよりも、15分くらいの1テーマの話をどう展開するとよいかというテンプレートでした。

よく言われる「PREP」（POINT REASON EVIDENCE POINTの順番。まず結論を言って根拠や証明をつけて、最後に結論を繰り返すという構成）は、より短い1、2分程度の話を構成するときの定石です。

ここでは、もう少し長い目でみたとき（半日研修や連続研修など）の定石を確認しておきましょう。次の7つの定石です。まずは、学校でも慣れ親しんでいる並べ方です。

研修の7つの定石　ストーリー・ラインを押さえよう

①分野別に分けて区切る（1時限目は国語、2時限目は算数のように単元に分ける）。
②「やさしいもの」から「むずかしいもの」へ並べる（算数では、かけ算九九の後に割り算）。
③理論を学んでから実験や実技を行う、あるいはその逆（理科、体育、料理）。
次に、時間と空間にそった並べ方です。
④時間の流れにそって並べる（歴史の授業、一般的なドラマ）。
⑤全体像を示してから部分を説明する（地理、機械のマニュアル）。
次に、論理的な並べ方と感情にそった並べ方です。
⑥論理型（「主張」を先に、「根拠」と「具体案」を続ける）。
⑦感情型（購買心理にそって並べる）。
⑥と⑦については、次ページで具体例を示します。
いかがでしょうか。こうした定石を参考にしながら、研修内容をストーリーとして並べてみましょう。

論理型（主張+根拠+具体案）

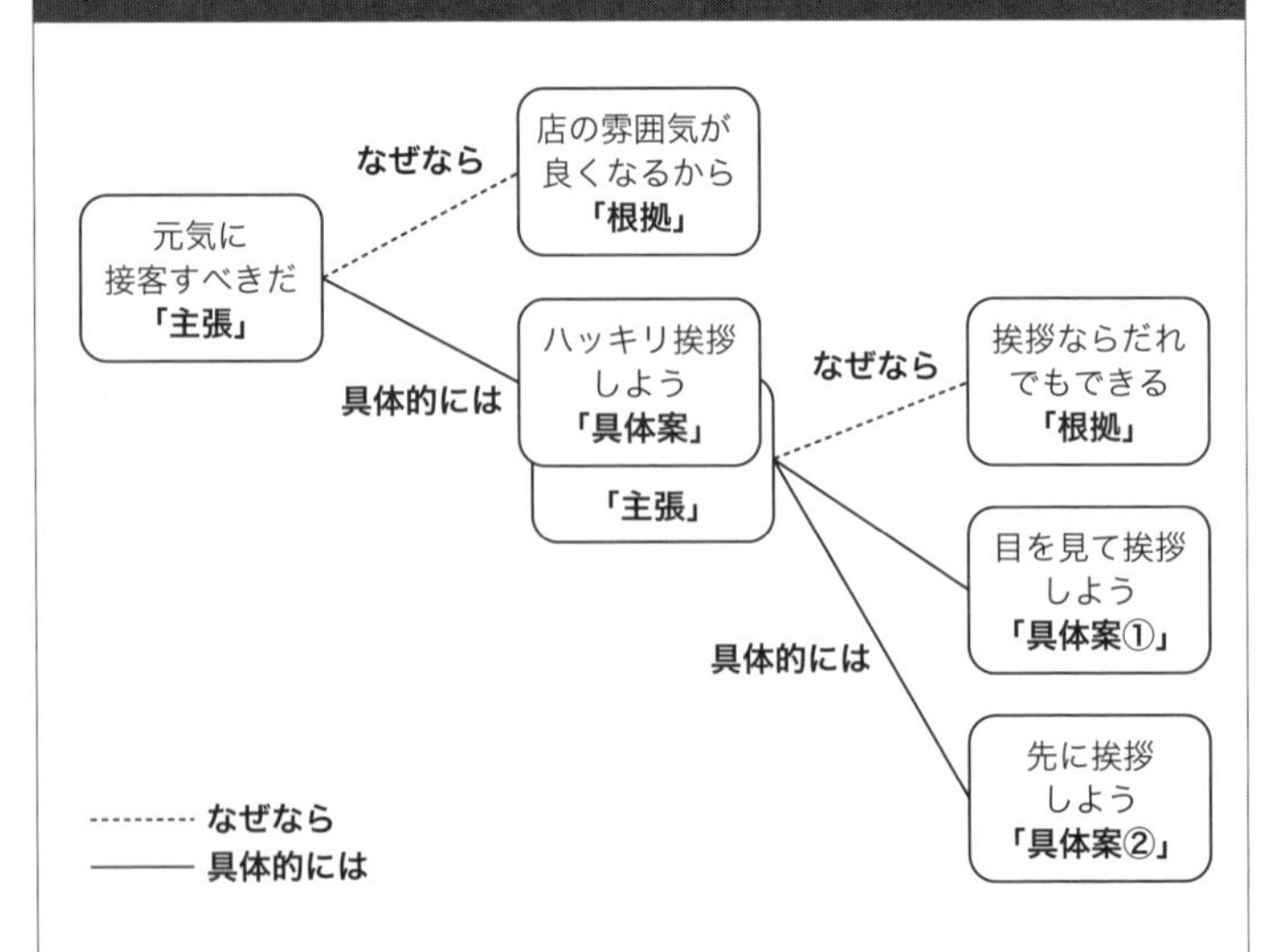

論理的な構成

①まず、「主張」を先に述べる

それを補う形で、

②「根拠」、なぜ、それをすべきか—必要性の訴求

③「具体案」、どのようにそれを実現するか—可能性の訴求を説明する

図の例のように「具体案」が、さらに、次の「主張」となって、より具体的に展開していくこともある

感情型（購買心理に沿って）

ご紹介セミナーの場合、この構成が使われる
①自己重要感、②メリットからはじまり、⑥行動につなげる構成である

●あなたに一番はじめにお伝えしようと思い、ご連絡しました
（①自己重要感）

●実は、Xという新商品が○○に発売されます。この商品を導入すると、Aさんの生活が○○（理想的な状態）になります。今まで、困っていた○○が一気に解決するんです **（②メリット・自分）**
もし解決したら、そこに使っていた時間を自分の好きな時間に使えるのではないでしょうか **（②メリット・その先）**
○○さんも喜ばれると思いますよ **（②メリット・まわり）**

●実は、私自身も昔はこんなだったんです **（③共感　あるある～）**
それが○○によって、こうなりました
実は、この製品、○○というシステムを利用しているんです
ちょっと信じられない、コロンブスの卵のような発明ですね
（③意外性　へえ～）
でも、だからこそ効果があるんです **（③納得感　なるほど）**

●信頼性も十分（声・事例、秘話、実績数値、権威）、使い方も簡単です
（④権威）
（④可能性）
今なら○○もついてきます。これは○日までの特別プレゼント
（④希少性）

●そのために、○○だけ私に（お時間を、投資をして）ください
必ず○○に（理想的な状態）になります。私が約束します（返品保証など具体的な内容） **（⑤お互いの約束）**
↓
さあ、今すぐお申し込みを･･･という流れで進んでいきます **（⑥行動）**

◆秘伝◆「天才」と呼ばれる人も努力をしている

私には、大好きなエピソードがあります。

漫才師だった島田紳助さんが、その著書『哲学』（島田紳助・松本人志共著　幻冬舎）で、デビューしたての頃の話をしています。先輩漫才師のB&B、洋七さんとの話です。

洋七さんの漫才を聞いて、ぼくは漫才師になろうと決めた。（中略）それから、一年あまり、僕はいつもあの人にくっついていた（中略）。

僕が一人だった時は、あの人もわからなかったけれど、竜介とコンビを組んで漫才をやりはじめたら洋七さんに怒られた。「ネタをパクるな」と。

でも、他の人にはそれがわからなかった。洋七さんだけが気づいた。

それは、正確に言うなら、僕がパクっていたのは洋七さんのネタではなかったからだ。

僕がパクっていたのは、ネタでなく洋七さんの「笑いのシステム」だったのだ。

そのやり方は、たとえばこうだ。

まず、B&Bの漫才をテープにとって、それを全部紙に書き出す。それから、その漫才がなぜおもしろいのか、他の漫才とどうちがうのかという事を分析していく。

そうすると、一つのパターンが見えてくる。そのパターンに、僕は全く違うネタを当てはめていったのだ。

（『哲学』島田紳助 松本人志著 幻冬舎）

私はこの話にどれだけ元気づけられたのか、わかりません。あんな天才でも努力をしているんだと。

それからというもの、すばらしい講演家、研修講師、コーチ、ワークショップ・リーダーといった「教える」「育てる」仕事の方はもとより、つい引き込まれてしまう映画のストーリー、噺家の方の間や口調、マジシャンの振る舞いといった「人を引き込む」パフォーマーの方の研究をストップウオッチをもってはじめました。彼らは、「はじめに何を話すのか」「話のつなぎはどうしているのか」「ひとつのネタを何分くらい演じているのか」を研究したかったのです。

さまざまなプロのシナリオ（構成）を研究し、自分自身の研修で実践して体系化してきたのも、このエピソードと出会ったからです。とても感謝しています。

ライブメソッド 21

後日の対応
「研修の効果測定」はどうするか

4段階モデルを研修効果の測定に役立てる

公式2の最後に、研修終了後に求められることについてお話ししましょう。参加者に関することと、主催者に関することの2点です。

参加者については、「アフター」で定義した状態、さらに、その先の理想の状態が実現できるように、研修後も講師としてはフォローをしたいですね。有料でのフォローができない場合でも、自分が発行している無料メルマガの読者になってもらい、そのつど疑問が生じたら答えるサービスを提供しています。せっかくのご縁なので、大切にしたいものです。

一方、主催者に対しては企業研修などの場合、「研修報告書」として実施内容をとりまとめ、報告を求められる場合があります。企業の人材育成予算から支払われているわけですから、研修効果を社内的にも共有、確認しないとならないからです。

「研修報告書」は、研修企画書の項目にそって実際の流れ（実績）、アンケート結果、参加者の感想、講師の感想、その他関係者の感想などをまとめ、次回以降の改善課題とともに整理することが多いようです。

このときにいつも問題となるのが、「研修効果」です。あなただったらどのように効果を測定しますか。理論的には、カーク・パトリックさんの「評価の4段階モデル」が有名です。

・レベル1　プログラム参加者の反応を測定する。
「参加者はそのプログラムを気に入ったか」　終了後のアンケートなど
・レベル2　知識やスキル習得状態を測定する。
「目的の能力を身につけたか」　理解度把握テストなど
・レベル3　学習内容の活用状況を測定する。
「実際に職場で活用しているか」　追跡調査が必要
・レベル4　行動変容によって得られた組織貢献度を測定する。
「学習内容を活用し、ビジネス成果を向上させたか」「ROI指標で測る」

1954年に発表されているので、ずいぶん前からあるようです。しかし、レベル3、レベル4の事例は、私自身があまり見たことがありません。「実務的にどうしていいかわからない」からではないでしょうか。

ライブメソッドの考え方、すなわち「わかる」「できる」だけでなく、「やる」ところまで面倒をみる、というスタンスに近いのに残念です。

個人レベルのゴール設定を大切にする

ライブメソッドでは、次のように考えています。

・効果を測定しようというからには、そもそも目的やゴールがあるはずだ。
・であれば、それを参加者一人ひとりが、自ら個別に設定すればよい。
・そのためには、研修全体のゴール（アフター）の姿だけでなく、個人レベルでのゴールを、事前に設定してもらう（P148）。
・上司や関係者との約束が必要なら、事前にゴールを握っておいてもらう。
・それが達成されたかどうかで、効果を評価する。

本当は職場に戻ってから、それが使えたか。さらには、やり続けているかまでをフォローできるとよいでしょう。そのためには研修企画の領域を越えて、人材育成全体、さらには組織開発や事業経営といった上位の仕組みとの連動を考えないとなりません。実際、能力用件やスキルアップに照らし合わせて研修を企画することも多々あります。これらの詳細は本書の範囲をこえるので、ここまでにしておきます。

いずれにせよ効果測定で大切なことは、「事前に納得感のもてるゴールを明確にしておく」ことです。それがないまま進めていくと「後から測りやすいものを測る」という本末転倒の状態に陥りがちです。

研修の中には「明日から使える内容」に集中するものと「将来、役立つだろう」と信じて実施するものがあります。後者は測定しにくいものですが、「会社の風土」や「戦略思考」に大きな影響をもつものです。大切にしていきたいですね。

公式 3

当日の進行

ライブ感あふれる場づくりのポイント

ショー・マスト・ゴー・オン
(The show must go on. by QUEEN)

公式3「当日の進行」の読み方

公式3では、当日のオープニングからエンディングまでの進行を時系列で確認していきます。開場前の準備から、参加者の迎え入れ、登壇、アイスブレイクといった一連の流れに沿って、どうしたらライブ感あふれる対話の場をつくれるのか、実際のシーンを確認しながら解説していきます。順番は次の通りです。

・当日開場前
・オープニング
・メインセッション
・エンディング
・当日終了後

左図の白い部分に相当します。網掛けの部分は公式2をご覧ください。

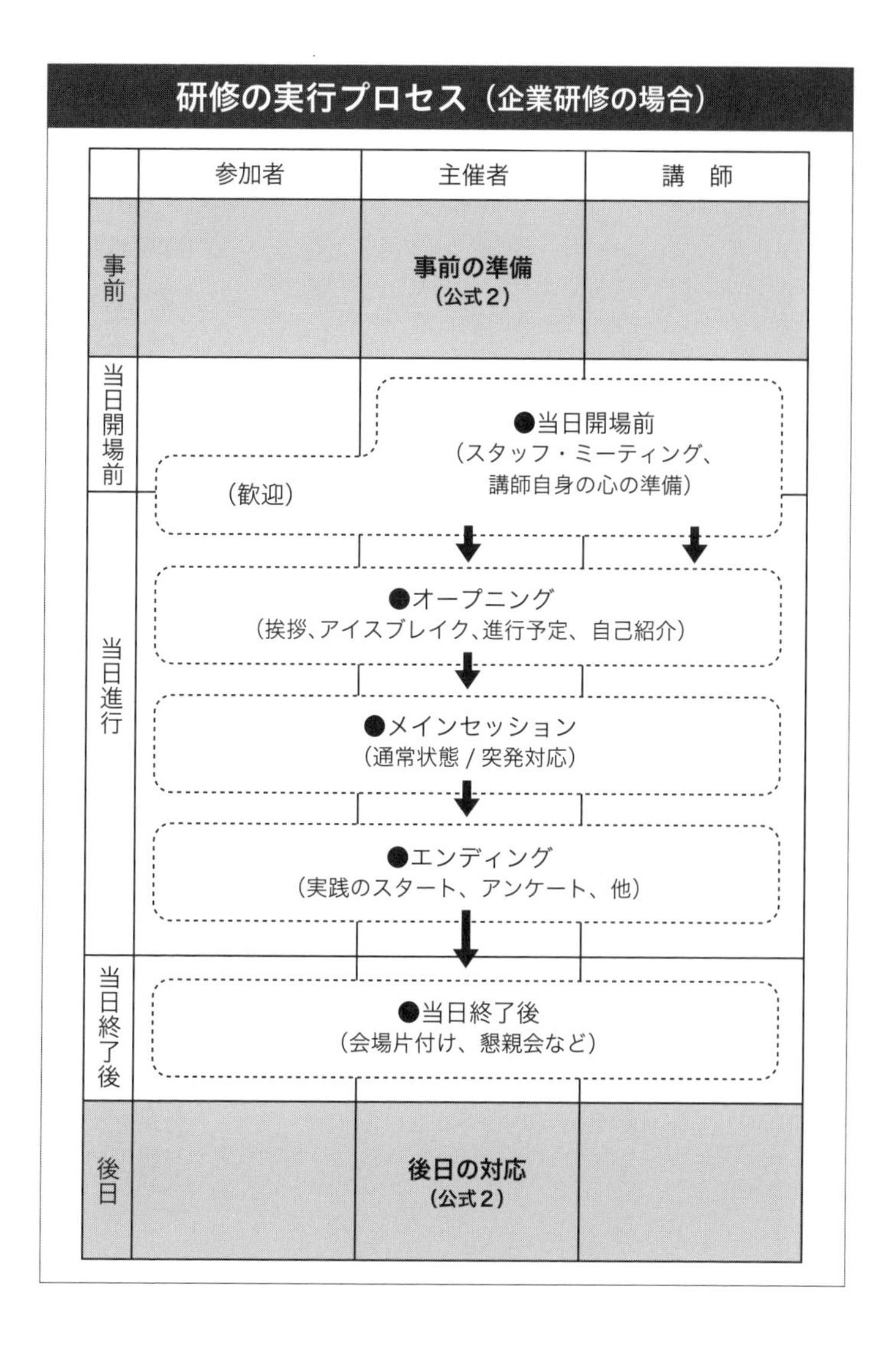
研修の実行プロセス（企業研修の場合）
参加者
主催者
講　師
事前
事前の準備
（公式2）
当日開場前
●当日開場前
（スタッフ・ミーティング、
講師自身の心の準備）
（歓迎）
当日進行
●オープニング
（挨拶、アイスブレイク、進行予定、自己紹介）
●メインセッション
（通常状態 / 突発対応）
●エンディング
（実践のスタート、アンケート、他）
当日終了後
●当日終了後
（会場片付け、懇親会など）
後日
後日の対応
（公式2）

ライブメソッド
22

当日の開場前
大切な「スタッフ・ミーティング」「歓迎」

会場前に確認したい27項目

あなたが講師なら、当日、会場には何分前に入りますか。

使い慣れている場所で、決まった講義をするならば、15分前でもいいでしょう。しかし、はじめての場所、はじめての内容で研修をするならば、90～120分前には入場しておきたいものです。

もちろん、専門の設備スタッフや会場のコーディネーターがいる場合は不要ですが、ここでは、講師が自ら準備を確認するという前提でお話しします。具体的には、次のような項目を確認します。左の例では27項目あげました。

このように一覧表にしておくと便利です。あなたの研修にあったチェック・リストをつくりましょう。

会場・テキストなどの確認表（例）

		項　　目	✓
1	会場	鍵の受け渡し（契約条件）	
2		照明（調整方法）	
3		空調（調整方法）	
4		ＢＧＭ（音響など）	
5		マイク	
6		プロジェクター・スクリーン	
7		パソコン（持ち込み・備え付け）	
8		ホワイトボード・マーカー	
9		レイアウト（机・イス）・原状復帰	
10		ご案内ボード	
11		撮影用ビデオカメラ（許可）・メディア	
12	付帯	飲食関係（室内、室外）	
13		コートかけ・傘立て	
14		周辺（トイレ、喫煙、自販機、ゴミ）	
15	受付	受付簿	
16		精算関係（領収書・おつり）	
17		名札（用紙・ケース）・机上札	
18		記入用マーカー	
19	教材	テキスト（最初から・その都度配布）	
20		ファイル・クリップボード	
21		研修関係用品（別途リスト）・販売物	
22	他	お菓子類・お弁当など	
23		サプライズプレゼント・協力者へのおみやげ	
24		懇親会の手配	
25		支援が必要な方の対応	
26		ＭＣなど、お願い事項の確認	
27		その他	

会場入りしたら、まずは「動線」を確認せよ

チェック・リストで会場やテキスト類の確認が終わったら、開始前の準備にとりかかりましょう。具体的には、

・明るくあいさつしてはじめる。

集合時間前に、スタッフが集まってきます。まずは、明るくあいさつ。研修に来てくれたことに感謝します。このときに急な用事や悩みごとがないか、健康状態も確認しておくとよいですね。

・作業分担をする。

チェック・リストをもとに、だれが何を準備していくのかを、はじめに確認します。可能ならば事前にメールなどで、担当者に連絡をとれると理想です。ＢＧＭ（音響）、ビデオ・カメラなどプロの方々をお願いする場合は、別途、事前に打ち合わせをしておくとよいでしょう。

会場レイアウトは、力仕事です。これもレイアウト図などを用意して、わかりやすく作業できるようにしておきましょう。

・作業が一段落したところで、スタッフ・ミーティングを行う。

会場設営が一段落したところで、時間を決めてスタッフ・ミーティングを実施します。連絡事項はもちろんですが、協力してくれていることへの感謝の気持ちとともに、どんな研修にしたいのか、一人ひとりの思いをシェアしてもらう時間をつくることが大切です。これが、スタッフ全員のモチベーションアップにつながります。

会場の準備が一段落したら、お出迎えの動線を最終確認しましょう。

・誘導サイン（外～入口～部屋の中まで）は大丈夫か。
・会場外で待ってもらう場合のスペースは用意されているか。
・次の仕事は、だれが行うか（出迎えと声がけ、出席確認、名札、事前課題の回収、テキストや資料などの配付、精算、クローク）。
・開場後、登壇までの待ち時間、どんな工夫をするのか（たとえば、ＢＧＭを流してリラックスした雰囲気をつくる。前のホワイトボードに注意事項を書いておく。早めに来た方にはクイズを考えてもらうなど）。ここも、しっかり用意しましょう。

◆秘伝◆

開場から登壇まで――心の整え方

当日準備もすべて終わって、ドアが開いて開場。参加者が入場してきます。会場内には緊張をやわらげるBGMが流れ、頭がスッキリするアロマがたかれているかもしれません。受付を通過した参加者たちは、笑顔でスタッフに迎えられ、会場に入ってきました。

さて、講師であるあなたは、このとき何をしているでしょうか。

私の場合は、2つのパターンがあります。

・パターン1――1人静かに、心を整える。

講師控え室などがあって身を隠せるときは、ひとりゆっくり心を落ち着かせています。お気に入りのアファメーション（自分に語りかける言葉）は、

「私は、今日のみなさんが好きで、みなさんも私が好き。だから、今日はうまくいく」

という言葉です。ちょっと青臭いですが、私には効果があります。

それから「エクセレント・サークル」という心理学の技術も自分流に活用しています。具体的には、背筋を伸ばしてイスに腰かけ、胸の奥にある「第4チャクラ」あたりからパワーを出して球体に拡げます。それをドンドン大きくしていって自分の体の外まで拡げ

る。私にとってその球体は、子どものときに母親に抱かれているイメージと同じです。中に入ってゆっくり心を落ち着かせます。要は、イメージトレーニングですね。

控え室などがないときは、ちょっと怪しいので、教室ではできません。そんなときは、トイレでやっています。

・パターン2――入場してきた参加者を、笑顔でお迎えして話しかける。

準備も時間ギリギリ、すぐ登壇というときは、パターン1なしで、こちらだけのこともあります。入場してきた参加者の方を、笑顔でお迎えして話しかけていきます。名前を聞いたり、どこからいらっしゃったかを聞きます。明るく元気に話しかけることで、自分自身も場全体も活性化していきます。この人たちにたくさん知識や技術、ノウハウをもって帰ってもらおうという気持ちがあふれてきます。

そして心に余裕があるときは、こうしたやりとりを通じて研修はじめに、「巻き込めそうな人」を探しておくのもいいですね。

ライブメソッド 23

オープニング①「登壇前」から「第一声」まで

登壇前はどんなときも笑顔でいよう

想像してください。あなたの研修を受けに、すでに30名が集まっています。これから登壇です。どんな気持ちですか？　ドキドキしているかもしれませんね。こんなときに、できるだけ平常心でのぞめるようにするためにも、オープニングの流れを次の4つに分けて整理しておきましょう。

・登壇前から第一声まで。
・あいさつからアイスブレイクまで。
・オリエンテーションのポイント。
・講師の自己紹介。

まず「登壇前から第一声まで」から説明します。

登壇前には、何に気をつけたらいいでしょうか。それは、「紹介されるまで、姿勢を良くして、しっかり立つ。決して、そわそわしないこと」。参加者はそれとなく、はじまる前から講師のあなたを見ています。ですから、しっかり地に足をつけて姿勢よく立っていることが重要です（P184）。

こうしていよいよ登壇するわけですが、司会者や事務局がいるときは、あなたを紹介してくれるでしょう。慣れていない人だと、経歴書を棒読みされるだけかもしれません。最悪なケースだと、名前を呼び間違えられることもあります。

しかし、ここで、イラッとしてはいけません。参加者はあなたの態度を見ています。紹介してくれた人も、悪気があってやったわけではありませんし、「緊張してるんだなぁ、しょうがないねぇ」くらいの笑顔（P183）で登壇することが大事です。

もちろん、講師をしっかりティーアップ（これから登壇する人が「いかにすばらしいか」を語ってくれること）してくれる人もいます。ありがたいことですが、このようなときに気をつけることがあります。それは、せっかくティーアップしてくれたのに、「いやいや、それほどでもないんですよ」と言って、無用な謙遜をしてしまわないことです。心の中で「ありがとう」と言って、堂々とはじめましょう。

謙遜することは、せっかくあなたの快く紹介してくれた人を否定することになります。そしてスゴイ講師を期待している参加者にとっても、失礼にあたります。謙虚であることは必要。でも、謙遜はいけません。

・「謙虚」自分の能力・地位などにおごることなく、素直な態度で人に接するさま。
・「謙遜」自分の能力・価値などを低く評価すること。

とくに、何かを人にやってもらえたときに、「ありがとう」と言わず、「すみません」と言ってしまう人がいます。そんな方は、要注意です。

第一声で明るいリズムをつくれ

登壇して一番まずいのは目もあわせず、すぐ内容に入ることです。

まずは、一呼吸置くこと。そして、参加者は「大好きな人だらけ」だとイメージして、全体を笑顔で見渡します（P185）。

そして、「こんにちは」と言います。下を向かず前を見ます。続いて、必ず間をとります。

あなたが「こんにちは」と言っても、参加者は「こんにちは」と答えてくれないかもしれません。大人数だとそういうことが多いですよね。それでも参加者の方々は、心の中で（こんにちは）と言ってくれている。だから、それを受け取る間が欲しいのです。実際は、こうなります。

①あなた「こんにちは」。
②（間）参加者が心の中で（こんにちは）を返している。
③あなた「本日は……」と、はじめるのです。

これでキャッチボール、対話型のリズムが生まれます。でも、これをしていないで一気にまくしたててしまう人がいます。

「こんにちは！　○○の寺沢です。今日は××についてお話しします。××というのは……。今日は、双方向的に進めたいと思います」

これでは相手の気持ちに立っていない。つまり、あなたがすでに双方向になっていないので、感心できません。第一声で全体のリズムが決まります。気をつけましょう。

ライブメソッド 24

オープニング②「あいさつ」から「アイスブレイク」まで

「あいさつ＋ありがとう」で感謝を添えよ

では、あいさつに続く鉄板のプロセスは何でしょうか。それは、

・あいさつ（間をとってくださいね）に続いて
・姓名　・タイトル　・ありがとう　・うれしい　・なぜなら

の順番です。ひとつずつ説明しましょう。まず、「**姓名**」は、こんな感じです。

「ライブ講師実践会代表の寺沢俊哉です」

姓名の前にキャッチフレーズをつけるのもいいですね。「燃える闘魂　アントニオ猪木」

これなら絶対に忘れられません。堅い研修だとむずかしいですが、キャッチフレーズを考えることは、自分自身を理解すること。「自分は、何のプロなんだろう」という思考をう

ながすので、普段から考えておくといいでしょう。

次に「**タイトル**」です。これは、すなおにそのまま言います。変に説明をはさまないこと。ここで内容の説明に入ると、グタグタになります。

説明を加えたければ、最初からタイトルに盛り込みます。こんな感じです。

「これから、『リピート率80％　また先生にお願いします！　と言われる、ライブ講師養成講座』をはじめます」

副題がある場合は、それを話すのもいいでしょう。要は、はじめから決めておいた言葉以外、使わないことです。

そして次に「**ありがとう**」＋「**うれしい**」＋「**なぜなら**」と続けます。セットで憶えておきましょう。たとえば、こんな感じです。

「お忙しい中、お集まりいただき、本当にありがとうございます。私は、〇〇についてみなさんといっしょに学べるのが、とてもうれしいんです。なぜかというと～」

「うれしい」と言うことで、講師自身がうれしい気持ちになります。そして、「なぜなら～」と続けるためには、ムリヤリでもうれしい理由を考えなければなりません。これがいいわけです。あなたのうれしさが場に広がります。ここまでを、最長2分で終わらせます。

「2分以内」に行動させる

というのも、2分で一方的な話をやめて、参加者に何らかの行動をとってもらわないとならないからです。そうしないと「この研修は聞いていればいいんだ」という雰囲気が生まれてしまいます。たとえば、

「今日、はじめて私に会う人は手を挙げてください」

「2回目以降の方は」

と、こんな形で手を挙げてもらうのもいいでしょう（P232）。とにかく行動してもらいましょう。

その上で場の雰囲気が固いなぁと思ったら、アイスブレイクを入れます。よく使うパターンは3つ。

①驚きのデータ（P234）。

「こちらの数字をご覧ください……」（意外なデータでビックリさせる）。

その後ペアで感想。

②心を動かすエピソード（本書にもたくさんのエピソードが書かれています。探してみてください）。

「実は最近こんな話を聞きました……」（興味深い話で引き込む）。

その後ペアで感想。

③実習を体験してもらう。

「突然ですが、クイズです」

「お隣の方と自己紹介をしましょう」

個々の実習ネタについては、公式5ライブメソッド41〜45（P232〜241）を参照してください。

3パターンのアイスブレイク

	例	特　徴
驚きのデータ	ビックリ 効果実績 参加者の声	○短時間でできる ○抵抗感小さい ×感情が動きにくい
心を動かすエピソード	あるあるネタ (ご当地 業界) 参加者の声 体験談	○短時間でできる ○抵抗感が小さい ○感情が動きやすい ×ネタを揃えるのが大変
実習体験	クイズ 錯覚ネタ 自己紹介 ペアワークなど	○実感がある ○ジブンゴトになりやすい ×参加に抵抗感大きい ×時間がかかる

◆秘伝◆ 「データ」と「エピソード」のアイスブレイク

データやエピソードをつかったアイスブレイクは、短時間でできるメリットがあります。

データによるアイスブレイクは、参加者が論理的なタイプの場合に、受け入れやすいようです。たとえば、

・日本の生産性は、国際比較すると、ＯＥＣＤ加盟国の中で20位前後と意外に低い（ちなみに上位は、アイルランドやルクセンブルク）。

・日本には、ホタルが50種類ほどいるが、そのうち40種は光らない。

・新生児の体重が、ここ20年で1割近く減っている。

意外なデータを示すと、人は興味をもってくれます。これらをクイズの形式で進行すれば、簡単な実習にもなります。

一方、エピソードは、聞き手の感情を動かすのに効果的です。エピソードの後で、ペアワーク（Ｐ２３８）を導入することで、これも実習形式にすることができます。いきなり体を動かす実習などに抵抗がある方でも、比較的素直に参加してもらえます。

アイスブレイクの目的は、緊張感を解いて、楽しい雰囲気をつくること。その上で、安心・安全な場を形成し、お互いが自己開示できるようになれば最高です。

エピソード「めぐみちゃんの靴」

お父さんが入浴しているところへ、娘のめぐみちゃんが靴を持ってきて洗い始めました。

「おばあちゃんが洗ってくれたのだけれど、ちっとも汚れが取れていないの」不平を言いながら洗っています。

お母さんは「どうして最初から自分で洗わないの」と叱っています。しかし、入浴していたお父さんの叱り方は、お母さんとは違っていました。

「そのまま二、三日、履いてから洗いなさい。一度も履かないで洗ってはいけないよ」

「めぐみも自分で洗った靴を、一度も履かないで洗われたらイヤな気分がするでしょう。まして、歳をとったおばあちゃんが洗ってくれたのだから、ありがとうと言って、2、3日履いてからからにしなさい……」

さらに、

「おばあちゃんに、歳をとって、靴も満足に洗えなくなったと落胆させてはいけないよ。おばあちゃんが歳をとっても靴を洗ってくれるなんて、よくよくめぐみがかわいいからじゃないのかな。

本当なら。めぐみが、おばあちゃんの仕事を手伝ってあげるのが人間の道ではないのかい。それを、おばあちゃんが洗ってくれたのが気に入らないからといって、洗い直しをするというのでは、おばあちゃんに悪いんじゃないかい。人間の好意は素直に受け取るものだよ」

めぐみちゃんは泣きながらうなずいて、風呂場から出て行きました。

林覚乗　南蔵院住職の講話より

「思いやりの大切さ」を伝えたいとき、私はこのエピソードを紹介します。「○○の大切さを伝えたいときは、このエピソード」というように、あなたの研修でよく使う話題にそって、整理しておくとよいでしょう。

オープニング③「オリエンテーション」のポイントは？

「オリエンテーション」に盛り込む4つのポイント

前ページの説明では「2分以内の行動」の次に、アイスブレイクをもってきました。そうではなく、オリエンテーションを先にする場合もあります。つまり、

・あいさつ＋2分以内の行動＋アイスブレイク＋オリエンテーション。
・あいさつ＋2分以内の行動＋オリエンテーション＋アイスブレイク。

の両方の流れがあります。オリエンテーションでは、次の4つのポイントを盛り込みます。

①研修の趣旨・根拠（なぜ今、実施するのか）。

②研修のゴール（参加者のアフターの姿　どうなって欲しいか）。
③進行表（目次　ステップなどストーリーラインを簡単にしたもの）。
④グラウンド・ルール（研修中、全員で守るルール）。

本来これらは、「ワンシート企画書」ができていれば、すでに明確になっているはずです（P73）。ここでは実施上の留意点をあげておきましょう。

研修の意図・根拠・ゴールを説明しよう

ひとつめは、趣旨・根拠の説明です。具体的には「ワンシート企画書」の「根拠」（P80）に相当する部分です。それは、主催者が行うのがベスト。企業研修の場合、主催事務局が行うことも多いでしょう。幹部研修の場合は、社長にお願いして熱い思いを語ってもらうこともあります。事前に原稿をすりあわせておくと、とても効果的です。

2つめは、研修のゴールの説明です。「ワンシート企画書」の「アフター」（P92）に相当する部分です。こちらは、実際の進行責任をもつ講師が行いましょう。

「今日の研修は、〇〇をゴールとして進めます。よろしいでしょうか」
「ここにいるみなさんは、知識や経験もそれぞれ違います。そこで、ご自身の立場で部署に戻ったとき、今日の学びをどんなふうに活用できるか考えて欲しいのです」

個人やペアワークで、このことを考えてもらいます。

「ありがとうございます。では、それを前提として、今日の研修終了時〇時になってあのドアを開けて帰るとき、あなたは何を学べて、どうなっていたらいいでしょうか」

自分自身のゴールを設定してもらうのがポイント。最後は、テキストにその人なりのゴールを書き込んでもらいます。応用として、

「得たいゴールだけでなく、このテーマに関して、この場に自分が貢献できそうなことも考えてみてください」

と言って、貢献目標を設定してもらうのもよいでしょう。

3つめは進行表。本で言えば目次です。「ワンシート企画書」の「ストーリー・ライン」（P112）のダイジェストです。おおよその流れが書いてあればいいでしょう。最低限、箇条書きでもOKですが、進行の記載が一切ないのはダメ。参加者にとって目次の記載が安心材料になるからです。何が起きるのかわからないのは、無用の不安をまねきます。

4つめは、グラウンド・ルールです。グラウンド・ルールは、「グランド」(大きな)ルールではありません。「グラウンド」つまり、「床」に敷かれているもの、「私たちはその上に立って、これから学びをはじめます」という、大前提となるルールのことです。

たとえば「さんづけ、積極的に、話は2分以内、よく聴く、秘密を守る」などシンプルな項目をあげきましょう。ルールがあれば、途中で上位職の人が長々と話し出しても、「ここに書いてありますよね」と言って介入しやすくなります。また、「他に、決めておいた方がよいルールはありませんか」と、その場で全員でルールを追加する方法もあります。

オープニング④「講師の自己紹介」はさりげなく

自己紹介は進行中に潜ませる

ここまで登壇第一声のあいさつから、アイスブレイク、オリエンテーションと進めてきました。これらは、オープニングでの必須事項です。

それでは、講師自身の自己紹介はどうするか。たとえば、感動の自己紹介。講師の苦労話から復活の過程、成功までの道筋を語ればいいのでしょうか。

それが有効なときもあるでしょう。あなたが著名人で、ファンの方が集まっている場合や、講演のタイトルが「○○氏の人生から学ぶ」のような場合です。

一般的にはどうでしょう。残念ですが、あまり効果的でないと思います。なぜなら、参加者の一番の興味がそこではないからです。ちょっと、ガッカリですか。

では、どうするか。答えは「自己紹介は潜ませろ」です。

私は、オープニングの進行の中に自然に含ませていきます。具体的には、次のポイントで自己紹介を挟みます。

【ポイント1】事務局による講師紹介（ティーアップ）のとき
原稿を渡しておく。自慢に聞こえる自分では言いにくいような内容を話してもらう。
【ポイント2】冒頭のあいさつで、「うれしい＋なぜなら」の理由として
「今回、このテーマでお話しできることを、本当にうれしく思います。なぜなら、私は、10年にわたってこの研究と続けてきて、今、やっと具体的な活用が見えてきたからです。10年前これをはじめたときは……」
【ポイント3】2分以内の行動で、「はじめての方」に手をあげてもらったとき
「今日は、はじめての方が多いようなので、少しだけ自己紹介させてください」
【ポイント4】アイスブレイクで、参加者同士の自己紹介などの実習をいれるとき
「それでは、こんなふうにお互いが自己紹介します。項目は、①名前　②最近はまっていること……。私の例でいうと」（デモとして入れ込む）。
【ポイント5】「あわせる対話」で、ご当地ネタを話すとき
「今日は、◯◯県にお招きいただき、ありがとうございます。実は私の父方の両親は、若

い頃は○○県に住んでいて……」

【ポイント6】オリエンテーションで、個人のゴールを設定したとき

「よろしいでしょうか。それぞれのゴールを設定してみましたか」と聞いて、だれかに発表してもらいます。そこで、

「いいですね。○○についてとくに学びたいのですね。そして、部署に帰ってから○○に活用したい。すばらしい。実は私もこれを学びはじめた頃、最初に応用したのが、○○だったんです」

というように、参加者のゴールにあわせて、講師も同じ体験をする形式をとり、自己紹介を入れる。この他にも、潜ませるポイントがあるかもしれません。ぜひ、見つけてください。

複数パターンの自己紹介を用意しよう

このように考えると、自己紹介の原稿は複数パターン必要だと思いませんか。

その通りで、ちょっと大変ですが、いつも用意しておくといいでしょう。1パターン2分とすると、1000字くらい。この本の見開き2ページ分くらいです。

用意の仕方は、まず、【ポイント2】にあわせてつくるとよいでしょう。

「今回、私は○○についてお話ししますが、それは、とてもうれしいことです。なぜなら〜」で、はじまる内容になっていれば、必ず研修のテーマにつながりますし、自己紹介そのものが、参加者の学びになるからです。あなたが実施する研修の種類にあわせて、用意しましょう。

【ポイント5】の「あわせる対話」、ご当地ネタにつなげて話せるものであれば、それもいいですね。47都道府県すべて用意できていたら、それはかなりスゴイことです。

結局、自己紹介のポイントはテーマの流れの中で嫌みなく、さりげなくというのが、ベストだと、私は思っています。

ライブメソッド 27

メインセッション①しくじり先生から学べ！

「しくじり先生」のスライド構成を参考にせよ

いよいよここからは、メインセッションの進め方についてみていきましょう。

あなたは、「しくじり先生 俺みたいになるな!!」というテレビ番組を知っていますか。芸能人が先生となり、自分と同じ失敗をおかさないように「自分の言動の問題点や、そこから学んだ教訓」を、生徒役のゲストや視聴者に授業形式で披露する番組です。

研修の進行、とくに説明をしているときの理想型がここにあります。テレビでは、

①「私は、そのとき○○ということをしてしまったのです」（あるページを開いている）

②「そのために」（接続詞をはさんで）

③「次のページをお開きください」

④「○○になってしまったんです」（次のページを開いている）

スライドとセリフ（説明のとき）
（セリフ）
これから○○について
ご説明します。
全体像は次の通りです。
ご覧ください。
移行
1 ○○、2 ○○○○
となっています。
まずは、1からご覧ください。
移行
1でお伝えしたいことは、
○○です。
なぜかというと○○
移行
○○だからです。
具体的には○○
移行
こんな状況になっています。
そして○○

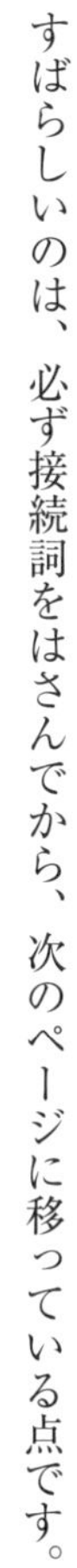
一同、「えええ」と驚く。こんな構成です。
すばらしいのは、必ず接続詞をはさんでから、次のページに移っている点です。

こうすることで、講師がしっかりテキストを道具として扱っているように見えます。講師が主、テキストが従になっています。

一方、初心者は、ほぼこれと反対のことをしています。とくに、スライドをテキストとして使っているときが問題です。先に次のスライドを映し出す。その上で、それを解説するというプレゼンをしてしまうのです。こうすると「あたかもスライドを読んでいる」ようにみえます。スライドが主、講師が従。私は「スライド奴隷」と呼んでいます。これは避けましょう。

「対話」がライブ感を盛り上げる

スライド奴隷を脱した上で、次のチャレンジがあります。それは、講師の中だけで解決するのではなく、参加者とのやりとり、対話のキャッチボールで進めていく形式です。

・説明のとき――しくじり先生型
・対話のとき――キャッチボール型

左の図をご覧ください。同じ内容ですが、３枚目のスライドで「なぜだかおわかりでしょうか」と、ボールを参加者に投げています。ここで間を取り、参加者の心の答えを待っ

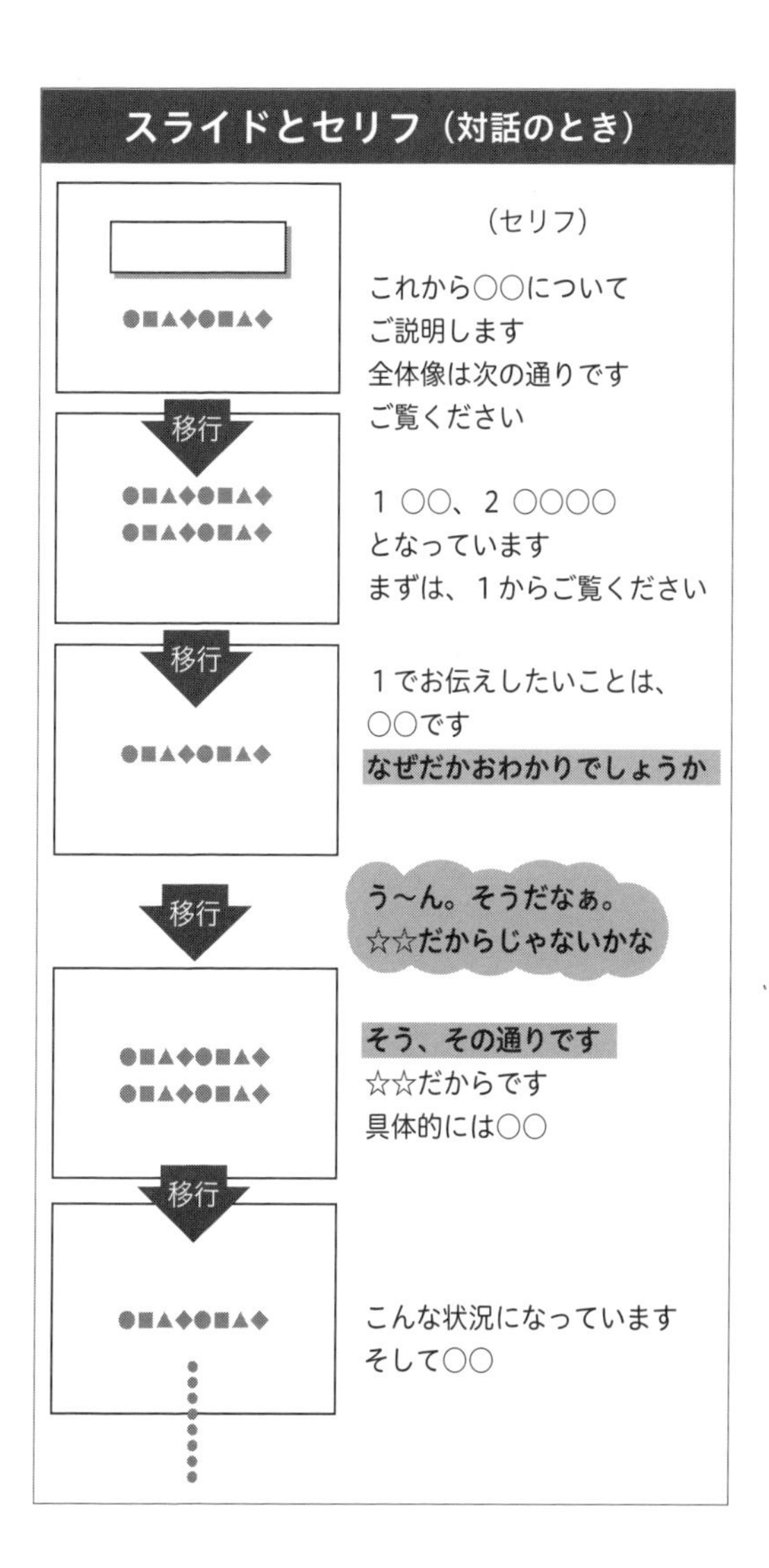

ています（もちろん実際、発言をうながすこともあります）。

その上で「そう、その通りです」とつなげています。こうなれば、さらに話にライブ感が出てきますよね。

◆秘伝◆

休憩時間こそ有効に使おう

数時間以上の研修では、必ず休憩時間があります。その使い方にも気を配りましょう。私は、次の3つのケースを状況に応じて使い分けています。

・思い切りリフレッシュしてもらうために自由にする。

「休憩」の本来の使い方ですね。全体が疲れていそうなときは、まさにリフレッシュしてもらいましょう。まわりの環境がよければ、会場の外での散歩をすすめることもあります。外の空気を吸うだけでも気分転換になります。

・次の開始までに、簡単な宿題を出しておく。

研修全体の流れを切らしたくないときに取り入れます。

「それでは、○○についてご理解いただけたでしょうか。それでは、休憩時間あけに、このことについてのみなさんのご体験をお聞きしたいと思います。話のネタをひとつ、ご用意いただけませんか」

たとえば、こんな感じの宿題を出しておきます。10分の休憩時間を15分にして宿題を入れた方が、10分の休憩と5分の思考時間（研修時間内）のときよりも、よいアイデアが出ることも多いようです。

・個別の質問を受ける時間にする。

休憩前に質疑応答の時間をもうけた場合、時間内にすべての質問に答えきれないことがあります。たとえ、すべて答え切れたとしても、「みんなの前ではちょっと質問しにくかったのですが……」という方もいます。そんなときは休み時間を使って、個別に質問を受け付けます。

その中から「これは、全員に伝えておいた方がいい」と思えることがあったら、個別に答えた後、たとえば「今の質問はとても重要な内容なので、時間がはじまったら、全員の前で質問してもらえませんか。他の方にも学んで欲しいので」と言っておきます。休み明けは、その話からはじめます。しこみですね。

ウラ技として実際に質問は受けなくても、「先ほどの休み時間にいただいた質問で、共有しておいた方がよいことがあったので、全員にお話ししておきます」と言って、追加説明をすることもあります。これも結構、効果的です。

ライブメソッド 28

メインセッション②
こんなピンチ、あなたならどうする？

進行が、すべて順調にいくとは限りません。いろいろなトラブルや想定外のことが起きるかもしれません。そんなとき、共通する重要なポイントがあります。それは、動じないことです。

講師が、動じなければ、ほとんどのことはうまくいきます。それでは個別の問題をみていきます。

時間が不足しそうに

若干の時間不足であれば、話のリズムを上げることで対応できます。自身の話を録音してみるとわかりますが、速度を10％あげて再生しても（高低が変わらなければ）、ほとんど気づかれません。「研修が残り60分、最後に10分間アンケートの時間を入れなければならない」。こんな場合は、少しテンポを早めながら、想定していたエピソードをカットするなどして調整できるレベルです。

ただ、それ以上だとむずかしい。講師が「急に話を早くしはじめた」「どうにか、つじつまを合わせようとしている」と感じられるのはよくありません。そのときはいさぎよく、一部のコンテンツをカットします。最悪、すべてカットできないコンテンツだとしたら、お詫びをして、動画で追加説明をするなどで対応しましょう。

企業研修の場合は、時間延長することは不可能であることを前提に考えます。

時間があまりそうに

こちらは余裕ですね。あまった時間で「質疑応答」をするとよいでしょう。初心者のうちは、時間があまると不安です。私もそうでした。

でも、大丈夫です。事前に「想定問答集」を考えておくとよいのです。1問のやりとりで5分として、5つも考えておけば、25分のネタになります。

設備の故障でスライドが使えない

私自身が何回も経験しています。そんなときは、話とホワイトボード（板書）で対応しましょう。もちろん、ハンドアウト（配付資料）がある場合は、それを使えば十分です。

意外に多いのが、ホワイトボードのマーカーが出ないこと。あるいは、薄いこと。お借りしている会場の場合、文句が言えないこともあるので、私は「マイマーカー」を持参しています。パイロットの「ボードマスター黒（太字）」がおすすめです。

さらに、ホワイトボードもない会議室もあります。応接室のような場所で少人数のケースです。そのときは模造紙を折りたたんで、水性顔料マーカー（ユニのプロッキー）と、養生テープを持参します。あるいは、携帯のホワイトボード風シート「どこでもシート」（セーラー）も便利です。備えあれば憂いなしです。

声が出なくなった

これが一番、厳しい。これまで2回の経験があります。水を飲んでしのぎながら、中し訳ないと思いつつ、マイクを借りてカサカサ声で話しました（普段は、声が大きいので50人くらいまではマイクなし）。私の場合は、2回とも冬、宿泊先のホテルの乾燥でやられました。以来、必ず部屋の風呂にはお湯を張って寝るようにしています。

非常時に

２０１１年3月11日14時46分18秒。東日本大震災。そのとき私は東京の宿泊研修所で、幹部研修をしていました。役員の大部分が集合していました。

もちろん、研修は中止。つながりはじめた電話で、幹部の方がそれぞれの現場の方に声をかけていました。「みんな大丈夫か。家族はどうか」。当たり前のように心配しています。「働く社員が第一」。まさに、それを実践している幹部の姿が頼もしく思えました。こんなときこそ本質が見える。私自身もしっかりしなければと思いました。

ライブメソッド
29

エンディング①
実践への橋渡しをする

「過去と未来のつなぎ」だと意識せよ

伝えるべき内容が一通り終わりました。メインセッション終了です。ここからエンディングです。さて、あなたはどう進めますか。エンディングの役割は、過去と未来をつなぐことです。

・過去——ここまで学んできたことを振り返り納得する。
・未来——これからはじまる実践のためにスタートを切る。

つまり、実践への橋渡しです。

まず、ここまでの振り返りです。

目次（今日の進行）に戻って、一つひとつを確認しましょう。場合によっては、再度、ポイントを伝えるのもいいでしょう。その際、必ず質問を受けます。

「いよいよ、最後のまとめです。今日学んだこと、疑問を残さずお帰りいただきたいので、何でもよいのでご質問がありましたらおっしゃってくださいね」

対話で進めます。とはいっても、それほど質問が出ないときもあります。それはよいことです。途中で疑問がほぼ解決しているからです。それでも、漏れがないようにこんな投げかけをするとよいでしょう。

「冒頭で研修全体のゴールとあなた自身のゴールを設定しました。もう一度見直してみてください。いかがでしょうか。そこであげた本日の絶対解決して帰りたい項目は、すべてクリアになったでしょうか」

このひと言で、気づきが得られ、質問が出てくることもあります。エンディングの時間はゆっくり確保して、質問に対応できるようにしておきましょう。

さらに応用的な問いかけとしては、

・ここまで学んできて、どんな感想をおもちですか。
・そんな感想をもっているご自身について、どう思いますか。
・そういうあなたが、さらに、さらに学び続けるとしたら、これから何を学んだり、何ができるようになるといいのでしょうか。と聞いてみるのもいいですね。

研修としては終了ですが、実務はここからスタートです。そこで、研修終了後の次の行動をうながすことが必要です（P95）。

研修の種類によって、「次の行動」が異なります。

・単発研修だったら、実践での活用。

・連続研修だったら、次回のご案内。

・フロントセミナー（紹介セミナー）なら、バックエンド商品（本業）の紹介。

これらは、すでに約束されている場合（企業研修で、学んだことは絶対実践することを期待されているケース）と、任意の場合（興味のある方は、バックエンドの商品・研修に申し込んでいただく、個別相談を受けていただくケースなど）があります。

いずれの場合も、基本的な構成は、4ステップ「計画・約束・承認・支援」となります。

具体的にご説明しましょう。

「計画・約束、承認・支援」の方法を決めよ

①計画

一般的な気づきだけでなく、個人として○○さんが、今回の学びを受けてどんな行動をとるか、それを具体的な計画に落とし込んでもらいます（個人行動計画）。最低限、ベビー

ステップ（はじめに起こす小さな行動）については明確にしましょう。

②約束

こうした計画を何らかの形で、参加者同士で約束します。お互い計画を共有してサインをする場合もありますし、行動宣言としてプレゼンテーションをする場合もあります。

③承認

その計画と約束に関して、仲間から、あたたかい承認を送ります。

④支援

行動をはじめるといろいろな壁にぶつかります。そんなときの支援体制をあらかじめ準備しておきます。責任を持って支援していく人（上司やメンター、あるいは、参加者同士で）を決めておくことも必要です。

ここまでやって、やっと行動につながるのです。

エンディング②
意外に大事! アンケート・写真撮影・締め

次につながるアンケートをとろう

アンケートのとり方、実はこれも重要です。一般的には、研修のすべてが終わってから、アンケートをとるという流れが多いかもしれません。

ある公開研修に参加では、講師が退出してから、研修エージェントの事務局がアンケートを配っていました。その意図は「講師の前では、書きにくいから」ということでした。

たしかに、客観性という点では意味があるかもしれません。問題があれば、次回の研修ではそれを改善してもらうように、事務局から講師に伝えるのでしょう。

しかし、私はこのやり方には反対です。理由は明確です。次回、いくらよい研修ができても、今日の参加者にはメリットがないからです。では、どうするか。

正直、最善の方法を見つけているわけではありませんが、少なくとも、「最後にまとめて参加者の声を聞く」のでは遅すぎます。「途中、途中で確認する」方法がよいでしょう。

では、どうするか。

そもそもアンケートの機能は、３つあります。

①この研修に意味があるかどうかを評価してもらうため。
②参加者自身に自分をふりかえってもらうため。
③次の販促活動に使うため（いわゆるお客様の声としてチラシに載せるなど）。

一般的には、①が目的だと思いますが、私のおすすめは、①と②をあわせて「振り返りシート＆アンケート」にすることです。そして、最後にまとめて書くのではなく、研修のテーマが切り替わるごとに書いてもらうのです。

研修に対する不満（むずかしすぎる、簡単すぎる、早すぎる、遅すぎる）があれば、その都度伝えてもらい、修正していくのが理想ではないでしょうか。

もちろん、そのためには講師と参加者、お互いに敬意が必要です。本音で語り合える関係でなければ、うまくいきません。

「自腹で受けている研修ならともかく、会社負担の場合、本音はなかなか言えない」、そういう方もいらっしゃるかもしれません。でも、本当にそうでしょうか。むしろ他人のお金で受けているのであれば、その分、しっかり学ばなければならないのではないでしょうか。理想論かもしれませんが、参加者と講師の本音のやりとりこそが、研修の質をあげることにつながるものだと信じています。

記念撮影はエンディングに移るタイミングで

スマホでとれば、そのまま簡単にSNSにアップできる時代です。写り込むことに問題がある方以外は、ぜひ、記念に写真撮影を行いたいですね。

では、写真撮影、どのタイミングがいいでしょうか。

本当は、エンディングもすべて終えて、充実した表情を撮るのが理想ですよね。でも、終了時は結構、忙しい。すぐ帰る方や懇親会に行く方、フロントエンドセミナーなら、お申込書を記入していただいている方など、さまざまな方がいらっしゃいます。

そこで、私はメインセッションから、エンディングに移るタイミングで撮影するようにしています。あなたもぜひ、お試しください。

締めの言葉は「利益から理念」を語れ

「これで、すべての研修を終えます。最後にひと言……」

そういって、1~2分、締めの言葉を語りましょう。私は、ここで一番青臭い自分の信念を伝えます。なぜこの研修を開いたか、なぜ、このノウハウを世の中に広めたいのか。メリットの訴求はしません。「志」の共有です。

これをある方は、「利から理」と言っていました。つまり、研修のはじめで「利」＝ベネフィットを伝え、最後は「理」＝志でしめるということです。はじめに語られるとちょっと暑苦しい「志」も、信頼関係ができた最後なら、しっかり心に届くからです。

やはり最後は、講師自身の思いを伝える。そして、感謝と共に全員への拍手で終わる。

これが私のおすすめです。

ライブメソッド31

研修終了後のフォロー
余韻が残る「お見送り」から「懇親会」まで

お見送りこそ手を抜かない

研修が終了しました。講師はまわりの片付けがあるでしょう（時間単位で借りている会場の場合、早くすませる必要がありますよね）。

でも、可能ならば、それらを後回しにしても、参加者のお見送りをしたいのです。正直、私もできていません。スタッフがいないと回りません。ただ、ある方の言葉をいつも心にとめています。それは、

「私たちは元旦の朝日にお願いはしても、大晦日の夕日に感謝を忘れがちだ」

受入れのときの気持ちに負けないくらい、しっかり感謝の気持ちでお送りしましょう。

可能なら、ここでもサプライズがあるといいですね。プレゼントもよいですが、講師から一人ひとりへのメッセージなどを渡せたら最高です。

懇親会のご案内

引き続き懇親会が企画されている場合があります。というか、講師としては、できたら、毎回用意したいと思っています。規定の時間で話しきれなかったこと、参加者同士の本音の会話、趣味の話から出てくるまったく違う発見など、必ず中身の濃い内容になるからです。

通常の飲み会ではありません。同じ時間を過ごした仲間と、そのまま話をすることは、他では得られない体験だからです。

私自身も参加者のとき、意味のない研修だったら途中で帰ることもあります。しかし、内容も参加者もすばらしい研修だったら、懇親会に出ないのは、可能性をなくしてしまうことなのです。その時間を使って講師にかなり質問することもあります。懇親会で親しくなったおかげで、その後のお仕事につながった例は山のようにあります。

ていねいに部屋を片付けよう

正直、講師は疲れています。というか、エネルギーを全部出してしまって放心状態かも知れません。私の場合は、逆に、普段より「躁状態」になっていることもあります。体が疲れていても、その夜は、なかなか眠れません。そんな状態で、細々とした片付けをするのは正直イヤです。

でも、ここはしっかりやりましょう。お世話になった教室や機材に対してのリスペクト。敬意をもって丁寧に片付けを進めましょう。

また、協力してくれたスタッフがいるときは、最後に、ふりかえりのミーティングを行うとよいでしょう。片付けが終わって懇親会に移動するまで、わずかな時間しかないことがほとんどです。ですから、全員そろってというのがむずかしいこともありますが、できるだけ実施したいところです。どうしてもできないときは、講師から一人ひとりにねぎらいの言葉をかけて終わらせます。

忘れないうちにメールを入れる

参加された方に対して、その日のうちに「ありがとうメール」を入れられたら最高ですね。もちろん、毎回は大変ですが、大きなイベントのときは、ぜひ、企画してみてください。

自宅に戻ったとき、自宅に講師からメールが届いていると、それはうれしいものです。

ある方は、もっとすごいことをしていました。研修の後、「ありがとう動画」を一人ひとりにお送りしたのです。それも翌日に。できることは、まだまだありそうです。

まさかの動画メッセージ

◆秘伝◆ 「痒いところに手が届く」気配りを

世界的なパントマイムの第一人者、マルセル・マルソーさんへのお土産のお話。正確に言うと、その夫人へ送られたプレゼントの話です。

1955年の来日公演、マルセル・マルソーさんは、婦人同伴でいらっしゃいました。マルセルさんを招いたのは、東京オリンピックや大阪万博などを手がけたイベントプロデューサーの小谷正一さん。小谷さんは、日本での公演中に、マルソー夫人が退屈しないようにと、買い物に必ず部下を付き添わせたそうです。

そしてその部下に、あるミッションを与えておいたのです。

公演も無事終了し、マルソー夫妻が帰国する際に、あるプレゼントを手渡しました。受け取った、夫人は大喜び！　心憎い演出に感激したマルソーさんは「小谷さんの招きならいつでも日本に来るよ！」

そうおっしゃったそうです。以来、大の日本贔屓となって、公演だけでなく日本のCMにも多く出演するようになりました。

では、小谷さんが部下に与えたミッションとは何だったのでしょう。それは夫人が買い

物する際、

「2つの商品のうち、どちらにしようか迷ったら、彼女が諦めた方を買っておく」

ということでした。

そして、マルソー夫妻が帰国する際に、諦めた方の品をプレゼントしたのです。

私たちは講師として、参加者や関係者のみなさんに、もっと貢献できることがあるのではないか。もっとサプライズを届けられるのではないか。この話を思い出して知恵を絞っています。

公式 4

対話の技術

心と心をつなぐ言葉づかいと振る舞い

「あなたの最大の弱点は？」

「虚栄心ね。自分の美しさに惚れ惚れして、何時間も鏡の前で過ごしてしまうの」

「それは虚栄心じゃないわ。想像力よ」

公式4「対話の技術」の読み方

「ライブ感あふれる対話で進めよう」と思っても、実際、どんな話し方をしたらいいのかわからなければ、はじまりません。公式4ではそれに答えます。学ぶ分野は大きく3つです。

・A感じよく話す技術（非言語）。
・Bわかりやすく話す技術（言語）。
・Cやりとりしながら話す技術（双方向）。

本来、ライブ感あふれる対話で必要なのは「Cやりとりしながら話す技術」ですが、そのためには「A感じよく話す技術」「Bわかりやすく話す技術」が一定レベルに達していないとうまくいきません。というのも、感じ悪い講師と「やりとり」をするのは、気持ち悪いし、わかりにくい講師と「やりとり」すると、ますます迷走するからです。

「3つの話術」が、できていますか？

A 感じよく話す技術（非言語）	B わかりやすく話す技術（言語）	C やりとりしながら話す技術（双方向）
【笑顔で話す】 最初から最後まで、笑顔を絶やさない	**【短く話す】** 一文は短く、明確に言い切っている	**【キャッチボール】** 対話のキャッチボールをするように、やりとりする
【姿勢をよくする】 普段から意識して、きれいな姿勢をとっている	**【やさしく話す】** 専門用語ではなく、わかりやすい言葉で本質を語っている	**【意図のある質問】** 進行の意図にそった的確な質問（発問）をしている
【アイコンタクト】 大勢の場合でも、一人ひとりに語りかけている	**【全体・結論から】** まず、全体あるいは結論から話すことで、聞き手の理解を助けている	**【受けとめる】** 相手の話（答え）をしっかり受けとめている
【ムダな言葉をなくす】 「え～と」などの、ムダな口癖（ヒゲ）がない	**【具体的に】** たとえや言い換えも含めて、物事を具体的に話そうとしている	**【板書で整理】** 相手の話をまとめながら板書できる
【メリハリを】 大小、高低、間などを意図的につくって話している	**【キーワード】** 話の途中にもキーワードが埋め込まれており、全体テーマからずれない	**【質疑応答】** 参加者からの質疑応答に対して、価値ある答え方をしている
【動いて話す】 意識的に立ち位置を変えたり、移動しながら話すジェスチャー	**【会話文】** 話の中に会話文「」を取り入れることで、親しみやすくわかりやすくする	**【臨機応変】** その場で起きたことをとりあげ、話を進行させることができる

ライブメソッド 32

感じよく話す技術①
いつも「笑顔、姿勢、アイコンタクト」で

最初に学ぶのは「感じよく話す技術」です。ここでは「非言語」の要素を中心にみていきます。「非言語」というのは読んで字のごとく「言語」以外のことです。

こんなシーンを想像してください。

あなたは、まったく知らない外国語で研修を受けているとしましょう。意味はわかりませんが、「感じがよいか」「悪いか」は直感的にわかるのではないでしょうか。たとえば、笑顔で話しかけられているのと、しかめっ面で話されているのでは、まったく感じが違うでしょう。

「感じよく話す技術」は、まさに「笑顔」をはじめとした言語に、直接関わらない部分。動物としての感覚と言ってもいいでしょう。

まずは、前半3つのポイントを確認します。

人前に立つときは笑顔で話す

×（ＮＧ）しかめっ面で話している。
○（ＯＫ）魅力的な笑顔で話している。

講師の対話術で一番大切なことをあげろと言われたら、それは「笑顔」です。

生まれて２カ月くらいまでの赤ちゃんは、寝ているときや何気ない瞬間、反射的に微笑むときがあります。これを「エンジェル・スマイル」と言いますが、母親だけでなく周囲の人はこの笑顔を見ると、赤ちゃんに優しくしたくなり、つい引き込まれて笑顔になります。笑顔はまわりを笑顔にします。

それぐらい笑顔には、魔法の力があるのですが、簡単に笑顔になるコツがあります。

ひとつは、口の両脇、口角を上げることです。顔を「四角」から「丸」にするつもりで、口角を上げると優しい顔になります。それができたら、もうひとつは、目の前に自分の大好きな人がいると想像します。これで、笑顔が完成します。さっそく実践してみてください。

座った姿を意識して姿勢を正す

×（NG）猫背で下を向いている。
○（OK）背筋が伸びて　おへそが相手をむいている。

動画を撮るとわかりますが、姿勢は講師のイメージに大きな影響を与えます。講師が背筋を伸ばし、前を向いていると、参加者は安心してくれますが、猫背で下を向いていると、自信がなさそうに見える。あるいは、こちらに意識を向けてくれていないように感じます。最近はスマートフォンの影響で、普段から姿勢がうつむき加減の方も多いようです。30度傾けると、首には何と18キログラムの負荷がかかるそうです。

よい姿勢になるためには、座り姿勢から入るとよいようです。まず、イスにまっすぐ座る。その際、おしりにある2つの骨（座骨）がイスにしっかり乗っていることを確認します。気を抜くと肉の中に埋もれます。これが座り姿勢としてよい形。そのまま自然に立ち上がりましょう。これで自然な立ち姿になります。そして話しかけるときは、必ずおへそを相手の方向にむけましょう。

アイコンタクトで心と心をつなぐ

×（NG）参加者と目をあわせないで資料をみて話す。
◯（OK）参加者の目をみて話している。

アイコンタクトにはコツがあります。

・「こんにちは」のはじめのあいさつから、だれか特定の人を決めて、その人の目をみます。大人数の場合、視線をあわせずはじめてしまうことがあるかもしれません。私は数百人でも、特定の個人に視線をあわせるように気をつけています。

・そのとき、笑顔とともに「大好き」の気持ちを届けます。「この人と学べてうれしい、この人が大好き、この人は尊敬できる」という気持ちです。

・文章の区切りで、ひとりからゆっくり目を離し、次の人に視線を向けます。可能なら、会場全体を後方左奥の方から前方右前にむけて「Z」の流れで動かします。

・相手の目を直視することに心理的抵抗があるなら、相手の鼻でかまいません。アイコンタクト、いつも、意識していたいですね。

感じよく話す技術②「スマート、メリハリ、動き」を大事に

「感じよく話す技術」、後半の3つです。

ムダな言葉のヒゲを直す

×（NG）「え〜と」「あの〜」などのムダな言葉が多い。
○（OK）必要な言葉を的確に伝えている。

この症状が現れる人が、かなりいます。著名人と言われる方の講演でもよく聞くと、「え〜と」だらけのこともあります。内容に引き込まれていると気づかないのですが——。

さて、あなたはどうでしょうか。これを機会に意味のない言葉を口にしないようにしましょう。

「え〜と」「あの〜」について気をつけるだけで「○○さんの話はわかりやすい」と言われ、「スマート」「思い切りがよい」といった評価を受けるようになります。そして不思議なことですが、「○○さんが話しはじめると、場の空気が変わる」と言われるようになります。内容が同じでもね。

ただし、この「言葉のヒゲ」。わかっていても、できないことの代表例でしょう。そこで練習が必要になります。自分の話を動画に撮る。あるいは、だれかにつきあってもらってフィードバックしてもらう。恥ずかしいですが、それを乗り越えた先には、すばらしい対話の世界が待っています。

上手な間でメリハリをつける

×（NG）念仏のように棒読みである。

○（OK）強弱、高低、間のとりかたなど、話にメリハリがある。

ダメな話し方には、2つの代表的なパターンがあります。それが「念仏型」と「語尾上がり型」です。「念仏型」は、平坦にただ読み上がるような話し方で、中高年男性に多いようです。

「語尾上がり型」は、若い女性に多く「私は～、〇〇について～、〇〇だと思うんですが～」というように、「～」の部分が上がり、変なリズムをつくります。まず、これをなくしましょう。その上でメリハリをつけます。具体的には、

・間をとる（文章の句読点で、間をとる）。

・抑揚をつける（声の大きい小さい、高い低い）。

まずは「間」だけで十分です。

練習としては、「自分が話す内容に近い良書を、読み聞かせるように音読する」のがよいようです。通常の読書は、自分の理解のために読みます。ですから、メリハリなどは意識しませんが、あえて目の前のだれかに「読み聞かせる」ように音読すると、自然と「間」が出てきます。ときどき「ここまで、おわかりいただけましたか」とはさんでみる。こんな練習をしてみましょう。

動きで変化をつける

×（NG）演台などの場所から動かずに話している。

◯（OK）　場所を有効に使って動きながら話している。

「動き」は大切です。ここでは、ふたつのことを伝えることにします。

ひとつめは「歩行」。あなたは、研修中歩き回っていますか。歩くだけで、参加者の気持ちをひきつけることができます。演台の後ろでずっとパソコンを使って、スライド操作をしているのが一番ダメ。ワイヤレスポインターで操作すれば、10メートルくらいは十分届きます（おすすめは、コクヨの黒曜石）。

ホワイトボードの前に立って書く。終わったら、別のポジションに動くなど、ひとつの行為、あるいは、ひとつの話が終わったところで移動するとよいでしょう。これも自然に「間」になります。

ふたつめは、ジェスチャーです。オーバーアクションは嫌みな感じもしますが、9割の方は、むしろジェスチャー不足。手を動かしましょう。

ポイントは、両手を胸より上の方で動かすことです。お腹より下で動かすでは、モゾモゾしているように見えるだけで逆効果です。慣れていない方は、お気に入りのプレゼンターの真似からはじめてみませんか。

わかりやすく話す技術①
「短く、やさしく、全体から」を意識する

次に学ぶのは、「わかりやすく話す技術」です。対話で研修を進める場合、必ずぶつかる壁があります。時間がかかることです。何も工夫せず、対話型にすれば、自分と相手、単純計算で2倍の時間がかかります。

ではどうするか。こちらから話す部分は、極力、ムダなくシンプルにすることです。捻出した時間を、実習や質疑応答に使いましょう。

それでは「わかりやすく話す技術」、前半3つのポイントをみていきます。

できるだけ一文を短く話す

×（NG）一文が長く、話がダラダラ続く。

○（OK）一文が短く、的確な接続詞でつながれている。

「短く話す」ことをおすすめします。具体的には、「。」までの原稿文字数を少なくします。話し方の練習でよく行うのは、「滑舌トレーニング」ですよね。確かに口を動かす練習、ウォーミングアップに効果的です。でも、実際の講義で「隣のきゃりーぱみゅぱみゅとパフィは、よくパフェを食うきゃりーぱみゅぱみゅとパフィだ」という場面はありません。それよりも、まずは原稿を短文にすることが先です。

論旨がずれていく人、聞き手を退屈にさせる人には、共通点があります。それは「一文が長い」ことです。ぶつ切れのイメージを恐れず、短文で言い切りましょう。

さらに、短文にすると話が論理的になります。それは、接続詞に意識がまわるようになるためです。

「A（だらだら話して）B」

だと、つながりを意識しません。しかし、

「Aです。なぜなら、Bだから」

というように話せば、AとBを「なぜなら」（原因）でつないでいることが、自分自身でも明確になります。

「そして」「しかし」（順接・逆接）、「よって」「なぜなら」（因果）、「具体的には」「他には」（チャンクP212）といった接続詞を意識しましょう。

だれでもわかる言葉でやさしく話す

×（NG）専門用語や略語が多く理解がむずかしい。

◯（OK）一般の方がわかる言葉で話すのでストレスがない。

専門用語をわかっているようなつもりになって、使うことをやめましょう。アルファベット3文字の略語や業界用語を連発していたら、かなり重症。私は先輩から「小学校5年生の女の子がわかる話し方をしなさい」と教えてもらいました。いつも気をつけています。もし、どうしても専門用語を使わなくてはならないときは、用語の定義をハッキリさせるようにします。あるいは「用語集」をつけてください。とくに、同じことを意味もなくふたつの言葉で説明すると混乱するので、厳重注意です。

概要がわかるように全体から話す

×（NG）細かな部分から話すので、なかなか全貌がつかめない。

○（OK）全体や結論から話すので、概要がつかみやすい。

「これから、○○について話します。細かくいうと3つあって、それは、○○と○○と○○です。それでは、1番目の○○からお話ししましょう」

このように全体像から話すのが、わかりやすさの基本。全体から部分へ、結論から理由・原因へという流れにすると、聞いている方はストレスがありません。「この人、何を話したいんだろう」と余計な気を回す必要がないからです。

これらが人前で話すときの基本です。その上で、少しアレンジすることもあります。

・エピソードから入る。

全体から体系的に話していけば、わかりやすくなりますが、無味乾燥になりがちです。そんなとき、特定のシーン（エピソード）を、頭に挿入して話しはじめます。

・質問から入る。

「○○についてご存じでしょうか」と、ひと言ふります。そのやりとりのあとに、「それでは、○○についてお話しします」

とはじめます。これは、「やりとりしながら話す」方法（P200）です。

ライブメソッド
35

わかりやすく話す技術②
「具体例、キーワード、会話文」を使え

「わかりやすく話す技術」、後半の3つです。こちらは少しレベルが高くなります。一度にマスターしようとせずに、自分にとって課題と思えるところを、ひとつずつクリアしていきましょう。

私自身、毎回「失敗した〜」と、反省しながら挑戦しています。

数字、たとえ話を使い具体的に話す

×（NG）概念的な表現が多い。

◯（OK）具体的な表現が多い。

具体例、体験談、たとえ話、数字、図解、固有名詞、とにかく具体的に話しましょう。

あなたが思っているほど参加者は、一般論に興味をもちません。あなたならではのエピ

ソードや、リアルな事例が一番聞きたいのです。

私も初心者の頃、この点を逆にとらえていました。「自分の体験談よりも、ドラッカーの言葉の方に説得力がある」と考えていたからです。でも、そういう話なら本を読めばいい。あなた（講師）に言われても困ります。とくに、自分が無名であるほど、具体的な話がいい。たとえば、オリンピックの金メダル選手が「練習のやり方には工夫が必要だ」と言えば、聞き手は、「そうに違いない」と勝手にいろいろ想像するでしょう。

でも、普通の人が「練習のやり方には、工夫が必要だ」と言っても、「それが何なの？」となるわけです。

表現ひとつも、より具体的にイメージのわく方がいい。「広大な敷地」よりも「東京ドーム10個分の敷地」。「丁寧に歯を磨きましょう」というよりも「ペンをもつように歯ブラシをもって、とくに3点、歯と歯の間、歯と歯肉の境、奥歯のかみあわせ部分を注意して磨きましょう」の方がよいのです。

「暖かい日差し」（視覚と体感覚）、「目を輝かせて提案する」（視覚）、「威厳あふれた発言」（聴覚と体感覚）など、五感に訴えかける表現も効果的です。

一貫性のあるキーワードを使う

×（ＮＧ）キーワードがあいまいなため、話がぼんやりしている。
○（ＯＫ）話の途中にキーワードが埋め込まれており、全体テーマからずれない。

数時間にわたる研修の場合、一貫性がないとわかりにくい研修になってしまいます。おもしろい話がたくさんあって、そのときは笑っていても、「結局、今日何を学んだんだっけ？」ということになってしまいます。では、一貫性をもたせるにはどうしたらいいか。

簡単な方法があります。キーワードを決めて、話の中に組み込んでおくのです。たとえば、「郵政民営化」というキーワード。おぼえていますか。ことあることに「郵政民営化」。このキーワードを前面に出すことで、話し手の立場がずれずメッセージ性が高くなりました。この本で言えば「ライブ感」。このキーワードを素に、すべての解説がつながっているようにまとめたいと考えたわけです。

状況が浮かぶ会話文を入れる

×（NG） すべて、説明文だけ。
○（OK） 話の中に、会話文「 」が出てくる。

落語は、おもしろくてわかりやすい。それは、ナレーションのように伝えるのではなく、八っつぁん、熊さん、ご隠居さんというように、それぞれの役割に語らせて、話を進めていくからです。研修でも、会話文を取り入れましょう。たとえば、こんなふうに話します。

「先日、プレゼン研修で『メラビアンの法則』の話が出ました。講師が『……ということで、実は、言葉よりも見た目が重要なのです』と説明しました。そのとき、したり顔で質問する参加者がいたんですよね。『先生、メラビアンはどうやって、その法則を発見したんですか』。すると、講師は黙ってしまったのです。いわゆる『メラビアンの法則』が、研修業界で誤用されていることは今となっては明らかなのですが、この講師、原典に当たらず安易に引用してしまったのですね。気をつけたいところです」。

いかがでしょう。このように、会話文で説明するとわかりやすいですね。

◆秘伝◆ 一瞬で内容が伝わる5つの図解

わかりやすく伝えるには、図解が効果的です。

ここでは、5つの代表的な図解について解説します。

① 表――ランダムにあげたものを、何らかの表組みに整理することで意味をもたせます。

② ツリー――トップダウン型、ボトムアップ型、いずれも、まとめることで整理します。

③ 矢印――情報（因果関係・相関関係）、行動（時系列）の流れを整理します。

④ グラフ――一目瞭然を目指して、見やすさに細やかな配慮をします。

⑤ 写真（イラスト）――イメージを伝えるには、写真やイラストなどのビジュアルを活用しましょう（この本でも、たくさんのイラストを使用しました）。

こうした図解を取り入れることで、言葉だけでは伝わりにくい内容も、短時間で、わかりやすく理解してもらうことができます。

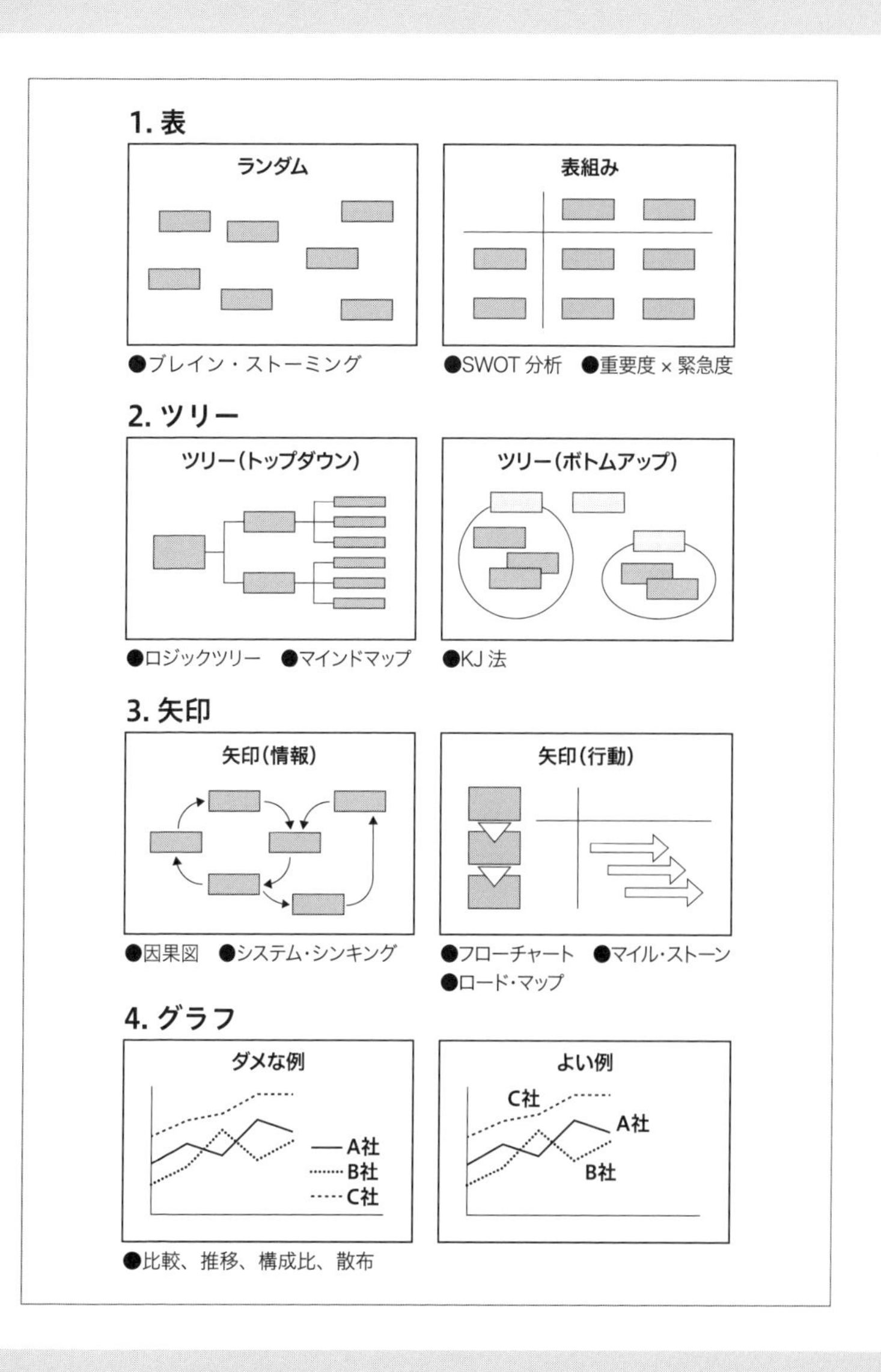
1. 表
ランダム
表組み
●ブレイン・ストーミング
●SWOT 分析 ●重要度 × 緊急度
2. ツリー
ツリー(トップダウン)
ツリー(ボトムアップ)
●ロジックツリー ●マインドマップ
●KJ 法
3. 矢印
矢印(情報)
矢印(行動)
●因果図 ●システム・シンキング
●フローチャート ●マイル・ストーン
●ロード・マップ
4. グラフ
ダメな例
A社
B社
C社
よい例
C社
A社
B社
●比較、推移、構成比、散布

やりとりしながら話す技術①
上手な「間」と「質問」をマスターせよ

いよいよ「やりとりしながら話す技術」です。ライブ感を演出するために、最も大切な話術です。

とはいうものの、すでに「感じよく話す」「わかりやすく話す」技術をマスターしていたら、実はそれほどむずかしいものではありません。

「間」も言葉のキャッチボールだと考えよう

×（NG）とりあえず、間隔をあけるために「間」をとる。
○（OK）言葉を投げかけ、「間」で受け取られている確認をする。

はじめに大切なのは「間」です。それも、機械的に話に空白をつくるのではなく、相手に言葉を投げかけて、きちんと受け取ってもらえているか確認し、その返しを待つための「間」です。

たとえば「こんにちは！」（間）をいうお話をしました（P138）。ここでは、「こんにちは（今日は）よい天気ですね。お変わりはありませんか？」という投げかけに対して、相手はどう反応し、どう返してくるかな？　という気持ちで間をとっています。

あいさつの場合、どうしても形式的になりがちですが、もし、相手が宇宙人だったら、絶対、反応を待つと思いませんか。

何か質問する場合でも、「〇〇について、××というアイデアがあります。あなたの部署ではご活用いただけそうですか」（間）。

ここでの間は、相手が理解してくれているだろうか。どう感じているだろうか。そして、どう返してくれるだろうか。そんな気持ちで待っているのです。「この先生は、私に語ってくれている」、そう思ってもらえるのは、実は、このキャッチボールのイメージをもっているからなんです。

話のはじめで「これからお話ししていいですか」と許可を取る。途中で「おわかりいいただけたでしょうか」と確認をとる。これらはすべて、キャッチボールのイメージです。

意図ある質問で対話を導け

×（NG）漠然と一般的な質問をする。

○（OK）進行の意図にそった的確な質問で導く。

研修には、あらかじめ設計したストーリー・ラインがあります。その舵取りは講師の責任です。そこで、意図をもった質問が重要になります。

すでに「みつける対話」（P60）で「前提をおいた質問」の具体例をあげました。

①○○の問題について、ご意見お願いできませんか。

②○○の問題を解決するアイデアを、議論していただけませんか。

③もし、○○というアイデアをあなたの部署でとり入れるとしたら、どんなメリットやデメリットが考えられますか。

①よりも②、②よりも③の方が、前提が強いので方向性が明確でしたね。

ここで、あなたに質問です。

「この本をここまで読まれてきて、一番参考になったところはどこでしょう」

私がそう聞けば、これまでの内容を思い出してくれるかもしれません。あるいは、

「あなたがこの本の内容を活かすとしたら、どんな場面でしょう」

と聞けば、今度は未来のことを想像するでしょう。

講師の質問によって、参加者の思考の範囲が決まるのです。

ライブメソッドは、参加者自身に答えを発見してもらう教え方です。言い方を変えると、それは参加者自身に問題解決をしてもらうということです。

したがって、意図をもった質問が重要なのです。

次のページに、研修において私自身が使っている質問パターンをあげておきました。

問題解決、コーチング、経営コンサルタントとしての問いかけなど、さまざまな質問を、17の分野に分けて一覧にしました。すべてが必要というわけではありません。自身の中でこれは使えそうだと思うものを選んで試してみてください。

選んだ質問が、その後の対話の方向性を決めます。

【参考】講師が使う17の質問パターン

■時間と空間を移動させる質問■

（１）過去に時間を移動させる質問

①なぜ、そう思ったの。②そうなった原因はなんだろう。③何が、そうさせたのだろう。④もし、今あのときに戻ったら、そこはどんな感じ。何が見える、何が聞こえる、何を感じる。⑤もし、あのとき○○だったら、今はどうなっていただろう。⑥そのことから何が学べる。⑦あのとき一番よかったことは。⑧今、あのときに感謝するとしたら。

（２）未来に時間を移動させる質問

①もし、何の制約もなかったら、どうなっていたい。②もし、それが手に入れられたとしたら、そこはどんな感じ。何が見える、何が聞こえる、何を感じる。③もし、それが手に入れられたとしたら、今との違いにあなたは、どこで気づくだろう。④実現したあなたからみたら、今のあなたはどうみえる。⑤そのときのお客様は。社員は。取引先は。家族は。どんなふうに喜んでくれている。⑥もし、何もこれからしなかったら、どんなふうになる。

（３）他の人の視点に移動させる質問

①この提案（現状）をお客様がみたらどう思うだろうか。社員は。取引先は。家族は。②競争相手から見たらどうだろうか。③あなたが理想とする○○さんだったら、どう見えるだろうか。④お客様があなたのことを考えていないときに、何を考えているのだろう。

（４）価値観や状況の違う人の視点に移動させる質問

①超悲観的な人だったらどうみるだろうか。②超楽観的な人だったらどうみるだろうか。③忙しい人だったらどうみるだろうか。④本質を大切にする人だったらどうみるだろうか。⑤エコな人だったらどうみるだろうか　⑥子どもだったら。老人だったら。独身だったら。

■目的を意識させて行動をうながす質問■

（5）目的やゴールを問う質問
①それは何のためにやっているのでしょう。②どうなっていたら理想なの。③それが達成できたら、どんなすばらしいことが起きるの。④さらに、その先は？

（6）価値観や根拠を問う質問
①なぜ今、わざわざやるの。②そもそも、やることにどんな意味があるの。③何を大切にして、やるの。

（7）行動をうながす質問
①どのようにしたらいい。②もし、次に同じことが起きたらどうする。③○○したらどうなる。④AとBとどちらがいい。⑤もし、行動しなかったらどうなる。⑥もし、第一歩を踏み出すとしたら何からはじめる。

（8）メリット＆デメリットを聞く質問
①それを実行するとしたらどんなメリットがあるの。②どんなデメリットがあるの。③そのデメリットを克服する方法はあるの。

（9）モア＆レスを聞く質問
①それを実行するために、これから増やしていかなければならない行動や要素（モア）は何。②減らしていかなければならない行動や要素（レス）は何。

（10）ビジネスモデルを問うコンサルタントの質問
①自分のお客様（喜んでもらいたい人）はだれでしょう。②そのお客様にどんなメリットを届けられるのだろう。③どうしてそのお客様は、他社でなくわざわざ自分から購入してくれるのでしょう。④業界内の競争は厳しい方ですか。⑤川上、川下のパートナーとの力関係はどうでしょう。⑥新規参入や代替品の脅威はありますか。⑦薄利多売ですか、その反対ですか。

＊経営コンサルタントの専門分野であるビジネスモデルについて質問をあげました。あなたの専門分野の質問を考えてみてください。

■代表的なフレームワークを活用した質問■

（11）ＳＷＯＴ分析に当てはめた質問

①現状の強み（Ｓ）は何。②弱み（Ｗ）は何。③追い風となっている現象は（Ｏ機会）。④向かい風となっている現象は（Ｔ脅威）。

＊「強み」「弱み」を「できているところ」「できていないところ」「うまくいっていること」「いっていないこと」と読み替えるのもよい。「機会」「脅威」を「促進要因」「抵抗勢力」と読み替えるのもよい。

（12）重要度×緊急度に注目した質問

①この中で重要なものは何。②緊急なものは何。

＊重要度をタテ軸に、緊急度をヨコ軸にして、個々の課題をマッピングし、優先順位を議論していく方法。重要だけど緊急ではない課題の中に、本質的な問題が隠れていることがある。
＊重要度×実行可能性で判断するのもよい。

（13）鳥の目から見た質問

①より大きな視点、全体から見たらどうみえる。②それはどんな種類の○○なんだろう。

（14）虫の目から見た質問

①具体的には。②たとえば。③その手段としては。④どんな中身から構成されている。⑤一つひとつを細かく説明するとしたら。⑥より細かい視点で気づくことがあるとしたら。

（15）評価や意見を求める質問

①で、どう思うの。②で、どう感じるの。③だから何なの。④言いたいことをひと言で言うと。⑤10点満点ならこれは何点。⑥もし、１点上げるとしたら。

■ふりかえりをうながす質問■

（16）内容に関するふりかえりをうながす質問

①これまで学んだことついて、十分にご理解いただけましたか。
②ここまでに習った技術について、ご自身で再現できますか。
③ここまでのことで、何か質問はありませんか。不明の点はありませんか。

　このような問いを講師と参加者で行います。さらには、参加者同士でも意見が交せるような質問も入れてみましょう。

④今のＡさんの質問、それに対する私の解答に関して、他の方から追加の意見、質問などはありませんか。さらに、未来にむけての質問も織り交ぜます。
⑤それでは学んだことを、どのように実践に活かせそうですか。
⑥さらに聞いてみたいことは。
⑦もし、そのためにさらに学ぶとしたら。

（17）プロセスに関するふりかえりをうながす質問

①ここまで学んできて、どんな感想をおもちですか。
②そんな感想をもっているご自身について、どう思いますか。
③結局、これまでの機会でどんなことを学んだのでしょうか。
④それはどんな種類の知識・技術の一部を学んだことになるんでしょうか。
⑤そういうあなたが、さらに学び続けるとしたら、これから何を学んだり、何ができるようになるといいのでしょうか。

参考資料

・『コーチング・マジック』PHP（平本相武 著）
・『感動の会議！』ディスカヴァー21（寺沢俊哉 著）
・『解決志向ブリーフセラピー』ほんの森出版（森俊夫、黒沢幸子 著）
・『AさせたいならBと言え』明治図書（岩下修 著）
・『モデレーター聞き出す技術』すばる舎（寺尾恭子 著）

ライブメソッド 37

やりとりしながら話す技術②
話は受けとめ、板書で内容を整理せよ

×（NG）参加者がうなずいているか、わかっているかに興味がない。
〇（OK）参加者が理解しているか、不安はないかをつねに意識している。

聞き手の話を受けて、共鳴する

キャッチボールは、投げるだけではありません。相手からのボールを受けてとめて、1セット完了です。

しっかり、相手の目をみてうなずきながら、相手の話を受けとめましょう。明らかに間違った回答だからと言って、途中で話の腰を折るのは最低です。これが基本です。その上で感情的な話では、相手の世界観を想像します。この人は、どうしてこういう発言するのだろう。自分がこの人だったら、どんな気持ちになるだろうという感じです。

さらには、その人になり切ってみることもあります。私はこれを「幽体離脱法」と呼んでいますが、相手に憑依するくらいの勢いです。ここまでですると、実は心の深い部分に共鳴することができます。

ところで、相手が話してくれた言葉をわかりやすく要約したり言い換える。これは講師として必要でしょうか。

それは、ケース・バイ・ケースです。

その話題を参加者全員でとらえたいとき、「板書するとき」などは、要約が効果的です。客観的な理解が必要だからです。

一方、相手の世界観に寄り添っているときは、その言葉をそのまま使って対話します。たとえば、経営者の方が、あきらかに間違った用語の使い方をしている。定義としてはおかしいし、誤解も生みやすい。しかし、本人の中ではその言葉で話が進んでいる。そんなときは、訂正せずにそのままの言葉で、その時間をともにします。要約や言い換えによって、その流れを壊すことは百害あって一利なしだからです。

板書で話をわかりやすく整理する

×（NG）参加者の話をただメモする。あるいは、間に合わない。
◯（OK）参加者の話を、構造化してわかりやすく板書できる。

スライドで研修を進めるのと、ホワイトボードに板書するのとの、一番大きな違いはどこでしょうか。それは後者なら、参加者の発言を書き留めることができる点です。双方向のやりとりに、板書はかかせません。

板書の技術は、とても重要。「ファシリテーション・グラフィック」という名称で、専門書も出ているくらいです。ここでは必ず押さえるべきポイント5点をあげておきましょう。

〈文字は大きく、早く書く〉

まず、文字は大きく太く書く。ホワイトボードマーカーは太字以上を使います。もちろん、かすれず、ハッキリ色の出るものを用意します（P110）。

また、話すスピードと書くスピードでは大きな差があります。ですから、参加者の発言を板書するときは、できるだけ早く書くことが重要です。

〈質疑応答の基本 「4K」を忘れない〉

4K（①感謝、②確認、③結論、④確認）の流れ（P214）に従って、発言者への感謝と確認を忘れずに板書しましょう。

〈タイトル・ゴール・グラウンド・ルールを書いておく〉

今、何について対話しているのか、激論になってくると迷走してしまうこともあります。そんなとき、タイトルを大きく書いておくと、戻ってくることが容易になります。必要に応じて、ゴールやグラウンド・ルールを書いておきましょう。

〈付箋紙は、強粘着タイプを使用する〉

ホワイトボードに付箋紙を貼って進めていく場合があります。メリットは「あとで並べ替えができる」ことです。「はがれにくい」強粘着タイプを使用します。

〈いくつかの発言をうまくレイアウトする工夫〉

ホワイトボードの面積は限られています。そこでたとえば、左半分は「現状認識」右半分は「改善案」、左半分は「メリット」右半分は「デメリット」といったように、講師としてあらかじめ場所を想定しておくとよいでしょう。

◆秘伝◆ 概念の整理に「チャンク」を使え

「チャンク」という言葉を知っていますか。「Chunk」と書きます。直訳すると「肉のぶつ切り」。フライドチキンなどは、1ピース、2ピースと数えますが、それよりもうちょっと大きい塊を想像してください。

このチャンク、意味が転じて「概念の大きさを示すもの」として使われています。たとえば、チャンクの大小で言うと、

・「犬」＞「ダックスフンド」

・「乗用車やトラック」＜「自動車」という感じです。

チャンクが大きい＝抽象的、全体的、目的

チャンクが小さい＝具体的、個別的、手段

と、とらえられます。

ロジカルシンキングでは、よくＭＥＣＥ（Mutually Exclusive and Collectively Exhaustive ＝漏れなく、ダブりなく）に分類することが大切と言われます。

たとえば「大人と子ども」「正社員、契約社員、派遣社員、アルバイト」という分類ですが、実は、それ以前の段階で混乱していることが多くみられます。つまり、

「人間と子ども」と言ってしまったり、「社員と契約社員」と表現してしまうミスです。

「私は、果物とリンゴが大好きです」

いかがなものでしょうか。こうしたチャンクの大小が意識できると、議論をうまく進行できるようになります。というのも、たとえば、細かな議論に入り込みすぎていると思ったら（チャンクアップ）、

「なるほど。では、それをひと言で言うと」

漠然とした話だったら（チャンクダウン）

「具体的には」

「たとえば、どんなこと」

同じ階層で意見を求めるときには、（チャンクラテラル）

「他には」

と聞く。

こうすることで、自然と板書も整理されてきます。

ライブメソッド
38

やりとりしながら話す技術③
ライブ感ある質疑応答で学びを深めよ

質疑応答で質問者を味方につける

×（NG）ピントのずれた回答をしてしまう。
○（OK）質問への回答から、たくさん学びが得られる。

〈基本編　4K（感謝・確認・結論・確認）で回答する〉

質疑応答の時間ほど、講師にとって「チャンス」な時間はありません。

もし質問がなければ、参加者は自己責任で理解を進めているわけですし、質問が出たらそれに親身に答えることで、どちらにしても参加者の満足は高まるのです。

予定の流れが途切れるため途中での質問をいやがる講師もいますが、できる限りその都度質問を受ける流れをとりたいところです（解答は後にするとしても）。

ライブで最も大切なのは、予定通り進めることでなく、参加者が自分のために開かれている集まりだと思ってくれることだからです。

質問の回答でとくに大切なのは、質問者を味方にすることです。そこで、次の4K（感謝・確認・結論・確認）にそって進めるといいでしょう。

①感謝：質問してくれたことに感謝する。
「ご質問ありがとうございます」
②確認：質問内容を確認する（復唱または要約）。
「おっしゃっていることは、○○○○ということでよろしいでしょうか」
③結論：結論から答える。
「結論からお伝えしますね。それは、○○です。なぜかというと」
④確認：こちらからの回答を確認して感謝で終える。
「回答は、これでよろしいですか。質問していただきありがとう」

〈応用編：さらに場に展開する〉

質問者だけでなく、場全体の満足を向上させるように進めるとさらによいでしょう。そのためには、個別質問を全体に広げる工夫が必要です。

①一般化して全体に広げる。

たとえば、Aさんから「とてもわがままなお客様がいて、手を焼いています。どうしたらいいでしょうか」という質問を受けて、それに対して前ページの4Kで答えたとします。その後、その質問から得られる知見を一般化していきます。

「みなさん！　いかがでしょう。苦手な方を対象にしなければならないときってありませんか。それも相手は重要な方の場合、手を焼きますよね。こうした場合、今、回答した方法以外にもこんなやり方があります。それは……」

というように広げていくことができます。

②さらに追加質問を受ける。

「今、Aさんが、とてもよい質問をしてくださいました。こうした質問をいただくと、さらに深く学ぶことができますね。さて、Aさんの質問に関係して何か追加でお聞きになりたいこと、あるいは、ご意見などはありますか」

このように聞くことで、話題がさらに全体に広がっていきます。

③講師側からも質問を加える。

「それでは、もし、○○の場合はどうでしょうか」
講師側からさらに深い話題に入っていくこともできます。

〈質問を出やすくする4つの工夫〉

こうした質問を出やすくするためには、工夫が必要です。

①講義形式の部分でも「キャッチボールのイメージで間をとる」ことで、語りかける口調で進めましょう。そのリズムだと質問も出やすくなります。
②あらかじめ、あとで質問時間があることを案内しておきましょう。途中で質問メモを書く時間をとるのもいいでしょう。
③質問を受ける前に、2人組みで話してもらってから質問を受けると出やすくなります。
④あわてずにしっかり待ちましょう。しっかり考える時間をとりたい参加者もいます。

ぜひ、いろいろと試してみてください。

◆秘伝◆「対応できない質問はない」と考えよう

「答えられない質問はあっても、対応できない質問はない」

これは私が先輩から教わった言葉です。まさにその通りで、

①わからなければ、後日調べて対応しましょう。

一番やってはいけないのが、はぐらかして答えること。玉虫色のあいまいな回答や明らかに論点をすり替えた回答は、実はバレバレです。絶対にいけません。

答えられないときは、他の方法もあります。それが、

②他の参加者に聞いてみることです。

「なるほど、そういうことですね。それでは今のBさんの質問（ご意見）に、答えられる方はいらっしゃいますか」

こんな形で、場全体を巻き込むのもよいでしょう。すべてを講師が解決するのではなく、参加者同士で解決していく。仮に講師自身が答えをもっていたとしても、時間があればこうした展開をするとよいでしょう。

また、価値観に関する質問について、問われることもあります。倫理的な話や政治色の

強い話。唯一の正解がないものについては、
③それは、本日のテーマと関係がないので答えない。
どうしても、答える必要がある場合は、
④一個人の見解という形で話す。
こともあります。

一番、大切なのは、質疑応答を恐れない。むしろ楽しむことです。そして自分だけが答えを知っているという態度ではなく、質問者のためにあらゆる資源を使って、一番いい回答を探そうという気持ちが、大切なのです。

ライブメソッド 39

やりとりしながら話す技術④
「その場のできごと」をとりあげる

今、起こっていることを重視せよ

×（NG）当初、予定した通りの進行だけで進める。
◯（OK）その場で起きたこと、起きつつあることを題材に議論を進める。

こうして質疑応答や板書などを通じて参加者とやりとりしていると、当初は予定していなかった話に展開していくことがあります。その場で起きたこと、起きつつあることを題材に議論を進めるのは、実はライブメソッドの真骨頂です。予定調和を越えたさまざまなアイデアが飛び交うようであれば、大成功ですね。

〈その場に表れていることを拾う〉

一人ひとりを観察して言葉にならない、その場に表れていることに意識を向けてみましょう。たとえば、Aさんが、何かに発言したそうにしている。しかし、どうやらうまく言葉にならない感じです。そんなとき、講師が、

「Aさん、いかがですか」

とふれれば、何か話し出してくれるかもしれません。

「おっしゃりたいことがまとまっていなくても、結構ですよ。今の気持ちをおっしゃっていただければうれしいです」

こんな感じでやさしく投げかけるのです。

実は、こうした流れから新しい発見が生まれることが多くあります。というか、真の「ライブ感」は、ちょっとしたきっかけから生まれます。それまで言えなかった本音の議論、思いつかなかったアイデアは、突然、生まれるものです。大切にしましょう。

〈想定外にもあわてない〉

想定外のことが起きたら、講師としては不安です。でも、そんなときこそチャンスです。これまでの自分の経験やノウハウをフル活用して「今のこの状況から、学べることはないか」と問うとよいのです。余裕をもってのぞみたいですね。

◆秘伝◆ 軌道修正する技術を身につける

ＮＨＫで特集された「ハーバード白熱教室」。講師のマイケル・サンデル教授は、的確な質問で、学びを深めていく天才です。そんな彼でも著書の中で、こう言っています。

「大規模な教室の中で学生に質問を投げかけるというのは、教師として自身を予想不能な状況にさらすということです」

そうです。想定通りの答えが返って来ない不安があるのです。

たとえば、こんな場合だったらどうしますか。

講師が伝えたいのは「お客様に対して、期待以上のサービスをすることで、リピーターになってもらおう」ということです。

そのために、こんな質問をしました。

問い「○○さん。○○さんのお仕事で、お客様はどんなサービスを期待していますか？」

答え「はい。××です」

問い「そうですね。××をして欲しいと思っていますよね。では、もし、××以上のサービスをしたことでお客様が泣いて喜ぶとしたら、どんなサービスが考えられますか」

答え「はい、それは、○△です」

問い「そうですね。それでは○△というサービスをしたら、そのお客様は、また、当店をご利用したいと思うでしょうか」
答え「……どうでしょう。そうとも限りませんね」
あれれれ、最後の最後で、こちらの意図の通りになりませんでした。
しかし、大丈夫です。軌道修正できます。たとえば、
・対応1「なるほど、○△のサービスをしても、必ずしもリピーターになってくれないかもしれませんね。では、リピーターになってくれるような期待を超えたサービスって、どんなものでしょう」
・対応2「なるほど、そうかもしれませんね。でも、もし、○△することでリピーターになってくれる人がいるとしたら、それはどんな人でしょうか」
・対応3「なるほど、Aさんはそうお考えですね。それでは、Bさんだったらどう思いますか」
こんな感じで対応できます。
ただし、このとき注意する点があります。それは、
相手の発言を、正面から否定せず感謝で受け取る（そんなことはないよ、○△だってリピーターになる可能性があるよとは言わない）ことです。

その上で、

①より広い視点でとらえ直して話を続ける（このケースだったら「○△はあくまで一例。リピーターを生み出す期待を超えたサービスはないかというように誘導する）。

②他の人の応援をたのむ（一対一のとき以外に使える。ではBさんは？　とふる）。

ことができるのです。

公式 5

実習の技術

体験から学ぶ「鉄板ネタ10選」

試験問題で答えられなかった生徒が、苦肉の策でこう書いた。

「神のみぞ知る」

数日後、連絡が来た。

「神は合格しましたが、あなたは落ちました」

公式5「実習の技術」の読み方

公式5は、実習、すなわち体験型学習についてみてきましょう。「実習」以外にも、「ワーク」「エクササイズ」「アクティビティー」「ゲーム」などさまざまな呼び方がありますが、同じものです。

さて、こうした実習、世の中にいくつくらいあるのでしょうか。

私の手元にある『THE COMPLETE GAMES TRAINES PLAY』（Edward E.Scannell & John W.Newstrom）という本は英文で870ページ。全部で287の実習が載っています。さらに古くから伝統で伝わっている世界の遊びやクイズをカウントしたら、天文学的な数字になるでしょう。

でも、数をたくさん憶えればいいというものではありません。まず、どんな種類の実習があるのか全体を押さえて、基本となる実習をマスターしましょう。

本書では、代表的な鉄板ネタを、10例とりあげます。

鉄板ネタ10選

1 手挙げとクイズ
対象：大人数可　所要時間 3 分
意図：体を動かしたり、クイズに答える行動を通じて、自主的に参加してもらう土壌をつくる。

2 データ・錯覚ネタ
対象：大人数可　所要時間 3 分
意図：驚くべき事実、トリビア、錯覚の絵、マジックなどを使って、驚異の世界に引き込む。

3 共通点探し
対象：大人数可　所要時間15分
意図：お互いの共通点を探すことで仲良くなる。声や体を使うのでアイスブレイクになる。

4 ペアワーク
対象：２人組　所要時間 5 分
意図：話し合うことで考えが整理され、記憶に残る（2 人だと話やすい）。

5 お互いの紹介
対象：２～４人組
所要時間15 ～ 30分
意図：相手を知り、自分を知ってもらうことで仲良くなる。

6 研修ゲーム（4 タイプ）
対象：４～６人組が多い
所要時間10 ～ 40分
意図：ゲームを通じて、さまざまな気づきを得る。

7 ケースメソッド
対象：大人数可　所要時間 数時間
意図：実例または架空のケースを使って自身の考えをまとめ、他者と対話する能力を高める。

8 ロールプレイング
対象：数名　所要時間30分
意図：役割（ロール）を演じることで気づきを得たり、求める行動がとれるようになる。

9 相互フィードバック
対象：大人数可　所要時間30分
意図：お互いにフィードバックすることで、プレゼンの質をあげるとともに、コメント力を鍛える。

10 ソクラテスメソッド
対象：大人数可　所要時間30分
意図：解決したい課題を共通の場でとりあげることで、新しい発見、アイデアが生まれる。

実習の進め方「1回にひとつ」のことを伝える

個々の実習ネタに入る前に、すべてに共通する基本的な進め方を説明しましょう。

1回にひとつのことを指示しよう

まず、その場で手に入れたい結果（緊張を和らげる、お互いを知る、気づきを得るなど）に合わせた適切な実習を選びます。古今東西さまざまな実習がありますが、講師としては、いろいろな実習を参加者として体験し、やがて自分で進行できるように日頃から準備しておきましょう。

その上で実習は、わかりやすく（P190）説明することが大切です。とくに、指示は「Aをしてください」「次に、Bをしてください」というように、ひとつずつ分けて行います。こうした進め方を「**一時一事**」（1回にひとつのことを指示する）と呼びます。ダラダラと長くあいまいな指示によって生じる混乱を回避するわけです。体育の先生のようにキビキビと進めましょう。

また、このとき丁寧に確認をとりながら進めることが大切です。「ここまでわかりましたか」と、確認することで、対話のリズムが生まれます。「一時一事」はわかりやすいのですが、どうしても紋切り型の説明になるおそれがあります。

それを防ぐためにもやさしく確認の問いをはさむとよいのです。

実習は導入、実行中、終了後の構成で考える

実習は、「導入」「実行中」「終了後」の3つのシーンから構成されます。

次のページに、それぞれのポイントをまとめてみました。

シーン別 進行のポイント

【シーン１】 導入時　７つのポイント

①実習のタイトルを話す

「では、これからいっしょに○○をやってみましょう」

②実習の意図（表）を伝える

「なぜやるかというと……」

③参加者の状態（ビフォー）最初の形を伝える

「４人組でやる実習です」

④参加者の状態（アフター）

　実習のゴールを説明し、何を目指すのかを明確にする

「この実習では、これから一緒に○○をつくりあげます」

⑤確認をとる

「ここまで、よろしいでしょうか」

⑥進め方の順番を説明する

「それでは進め方の詳細をお伝えします。全部で５ステップです」

「ステップ１は……」「ステップ２は……」（一時一事で説明）

⑦必要に応じて、デモをする（講師自身、または代表者を選んで）

【シーン２】実行中　４つのポイント

①開始の合図を、明確に出す

「それではご挨拶してはじめましょう。よろしくお願いします」

②意図通りに進行しているかを確認して回る

とくに、「グループごとに、進み遅れのバラツキはないか」「個人的に止まってしまっている人はいないか」を注意し、このあと全体シェアをとる場合は、「みんなの前で話してもらうのにふさわしい人やグループはないか」を聞き耳をたてながら回ります

③必要に応じて、「あと○分」とコールする

④終了の合図を、明確に出す

（鈴を振るなどして時間を知らせた上で）

「それではお時間です。相手の方にお礼を言って終わりましょう。ありがとうございました」

【シーン３】終了後　２つのポイント

①ふりかえりの質問をする（P207）

②裏の意図を開示する（意図開きP260）

【シーン1】導入時　7つのポイント

とくに「実習の意図を伝える」ことを忘れないようにしましょう。「何のために、この実習を行うのか」ということです。それによって納得性を確保します。怠ると、ただ「楽しかった」というイメージしか残らない危険性があります。

なお、ここであらかじめ伝える意図を、「**表の意図**」（P256）と呼んでいます。

【シーン2】実行中　4つのポイント

開始の合図は、「よろしくお願いします」というように、講師自らリードして全員で声を出してはじめるとよいでしょう。このひと言があることで、進行にメリハリがつきます。

また、終了の合図も同様に、「ありがとうございました」といった講師のリードによって区切りを明確にすることをおすすめします。

【シーン3】終了後　2つのポイント

実習は、終了後の振り返りがとくに重要です。また、このタイミングで「裏の意図」を明かす（意図開き P260）こともあります。

ライブメソッド
41

鉄板ネタ1　全員参加をうながす
簡単にできる「手挙げとクイズ」

「手挙げ」とは、講師が何かを質問して、参加者に手を挙げてもらう実習です。短時間でできて、心理的抵抗が少なく、簡単に行動をうながすことができます。

左の例は、3択で必ず全員が一度は手を挙げるようになっているのがポイント。これで全員参加型になります。

クイズやセルフチェック式のシートに記入してもらう方法も、いいですね。同様の効果があります。

研修開始時など、まだ場があたたまっていないときは、このくらい軽い実習からはじめるとよいでしょう。

1 手挙げとクイズ

対象：大人数可　所要時間3分

意図：体を動かしたり、クイズに答える行動を通じて、自主的に参加してもらう土壌をつくる。

「手挙げ」の実習

●トーク の例

「それでは、ちょっとお聞きします」

「今日のテーマ○○に関して、みなさんのご経験を知りたいので、教えてください。＊ア

3 択です、どれかひとつに手を挙げてください

1　あまりよく知らない（ほぼ今日がはじめて）

2　今まで少し勉強したことがある

3　学んだけれど、実践ではなかなかうまくいかない」

「それでは、お願いします。１のあまりよく知らない方……」（講師も挙手する＊イ）、以下２、３と続ける

「ありがとうございました。今日は、はじめての方が多いようですね。しっかり基本から進めていきますので大丈夫です。また、ご経験者の方も質疑応答の時間をたっぷりとっておりますので、実践してみて気づいた苦労や悩みなど、ぜひ、ご質問ください。それでは、はじめてまいりましょう」＊ウ

●留意点

＊ア　何のために行うのか、講師側の意図をしっかり話す

＊イ　講師自身も手挙げの動作をすることで、挙げやすくする

＊ウ　手挙げが「つかむ対話」だとすると、その結果をしっかり「いかす」ことが重要です。この例では、「いろいろなご経験の方が混在しているので、両方に対応する研修を行う」という話につなげています

●参考資料

・『アイスブレイク 出会いの仕掛人になる』晶文社（今村光章著）

・『みんなのPA系ゲーム243』杏林書院（諸澄敏之著）

ライブメソッド 42

鉄板ネタ2 ビックリしてもらう
注目を集める「データ・錯覚ネタ・マジック」

参加者の注目を集めるために、「ビックリしてもらう」実習は鉄板です。

そのためには、たとえば、驚くべき事実（データ）、トリビアネタ、錯覚の絵、マジックなどがありますが、とくに、不思議系のネタは効果的です。左の例では、錯覚を取り上げました。

まじめな会では、データ系の実習が無難です（P142）。

遊び心が許される研修ならば、講師自身がマジシャンの服装をして登場することで、世界観を伝えることができますね。

ただ、やりすぎには注意しましょう。

2 データ・錯覚ネタ

対象：大人数可　所要時間3分

意図：驚くべき事実、トリビア、錯覚の絵、マジックなどを使って、驚異の世界に引き込む。

「錯覚をつかう」実習

●トーク の例

「突然ですが、こちらの絵をご覧ください」＊ア

「横の線、直線に見えますか。見えないですよね。いくら見ようとして見えない。人間の習性として、自分の意思ではどうにもできないことがあるんです。だから、そのこと自体をわきまえることが重要です。詐欺に遭わないためにはね」＊イ

●留意点

＊ア　わかりやすいネタので、あえて説明なしに、いきなりはじめています
＊イ　錯覚を「つかむ対話」としてつかって、「人間の習性である」という方向に「いかし」ています

●参考資料

・『錯視入門』朝倉書店（北岡明佳 著）
・『メンタリズムの罠』扶桑社（ダレン・ブラウン 著）

ライブメソッド 43

鉄板ネタ3　アイスブレイク
場を活性化する「共通点探し」

積極的な参加者が多い場合、研修開始の段階から体を使って動き回る実習を導入すると、一気に場が活性化します。

レクリエーションゲームやインプロ（即興演劇）の世界には、すぐれた実習があるので、ぜひ体験してください。

ここでは、代表例として「共通点探し」をとりあげました。

お互いの共通点を探して、部屋中を歩き回る実習です。

この実習は、表の意図（事前に参加者に説明するもの）だけでなく裏の意図（左のa～cの3種類）を含ませることができる、優れた実習です（表と裏の意図については、P256）。

イスだけのレイアウトではじめるときの鉄板ネタとしてご活用ください。

3 共通点探し

対象：大人数可　所要時間15分

意図：お互いの共通点を探すことで仲良くなる。声や体を使うのでアイスブレイクになる。

「共通点探し」の実習

●トークの例

「これから『共通点探し』という実習を、アイスブレイクのために実施します」＊ア

「Ａさん、ご協力いただいてよろしいですか」

Ａさんに立ってもらい、講師と２人でこれから行う実習のデモを見せる（実際は、お互いの共通点をひとつ探して、各自ノートに共通点と相手の名前を記入する。共通点は、たとえば、２人ともメガネをかけているとか、ビールが好きなど）

「このように２人でひとつの共通点を見つけたら、今度は別の人と出会って、また共通点を探します。どんどんペアを変えて、共通点を探してはメモしていきます」

「ただし、条件があります。同じ共通点のネタは使えない。つまり、一度『メガネ』を使ってしまったら、次の人には使えないということです。よろしいですか」＊イ

「それでは、はじめます。時間は３分間。部屋の中を歩き回って、できるだけ多くの人と共通点をみつけてください。数が勝負です。それでは用意スタート」

●留意点

＊ア　これが、あらかじめ説明している表の意図です

＊イ　少し複雑なルールがあるので、デモを入れました

●裏の意図（P256）

あらかじめ参加者に提示していない実習の意図を、裏の意図と呼びます

「共通点探し」では、たとえば、次のような裏の意図を含ませることができます

a 体を動かすことで活性化する（朝の体操は大切だ）

b「共通点」からはじめると話が進む。「相違点」からだと、ぎくしゃくする

c ３分間の行動でも個性が出る（積極的に行く人、待つ人）。自分の活動を振り返ることが大切

ライブメソッド 44

鉄板ネタ4　考えが整理される
気軽にできる「ペアワーク」

4 ペアワーク
対象：２人組　所要時間５分
意図：話し合うことで考えが整理され、記憶に残る（２人だと話やすい）。

２人で話しあっていただくことを「ペアワーク」と呼びます。

１回の研修の中で、私は何度も機会をもうけます。

というのも、次のメリットがあるからです。
①２人だと気軽に話すことができる（お隣の方と、どうぞ）。
②２人だと短時間で終わる。
③２人だと黙っているわけにはいかない。
人数が多いグループワークでは、こうはいきません。

「ここまでのところで気づいたことを、それではお隣の方と共有してください」

こんな感じでどんどん活用しましょう。

「ペアワーク」の実習

●トークの例

「それでは、今体験したことをお隣の方と話し合ってみましょう。お時間は2分間です」 ＊ア

ペアの組み合わせを示します。＊イ

「それでは、よろしいでしょうか。ごあいさつをしてはじめましょう。よろしくお願いします」＊ウ

……2分経過したら、私の場合は、鈴を鳴らします

そして、

「それでは、お時間です。お隣の方にお礼を言って終えましょう。ありがとうございました」＊エ

●留意点

＊ア　体験を振り返るのは常套手段なので、あえてペアワークの意図を説明していません

＊イ　ペアがだれかわかるように（左右どちらの人と話せばいいか迷わないように）、講師がしっかり組み合わせを指示します

＊ウ「よろしくお願いします」と言うことで、明確に区切りをつけます。だらだら、はじめないのがポイントです

＊エ「ありがとうございました」と言って、終わりも明確に区切りをつけます

●裏の意図（P256）

たとえば、次のような意図を含ませることができます

a　相手と話すことで、自分自身の意見が整理される

b　話し手、聞き手の時間をそれぞれ分けて進める方法もあります。具体的には、はじめにAさんに1分間意見を言ってもらいます。Aさんが話し終わったらBさんにいかず、「では、今の話をBさん、30秒で要約してください」と、突然、要約をお願いすることがあります。ビックリする方が多いのですが、そうすることで、この実習に「相手の話をよく聞く」という裏の意図をもたせることができます

ライブメソッド
45

鉄板ネタ5　お互いを認知する
導入時にいい「仲良くなれる紹介」

5 お互いの紹介
対象：2〜4人組
所要時間15〜30分
意図：相手を知り、自分を知ってもらうことで仲良くなる。

研修における自己紹介では、
・はじめての人同士の場合
・よく知っている人同士の場合
で進め方が異なります。

前者の場合は「仲良くなる」ため、アイスブレイク的要素を強くします。たとえば、「大好きなもの」をネタに話すと盛り上がります。

後者の場合は、「グッド&ニュー」（最近あったよかったこと、あるいは、新しい体験）を1分間で話すなど、近況を伝える形式がおすすめです。

左記では「他己紹介」という実習を紹介します。

「他己紹介（お互いの紹介）」実習

●トーク例

①4人組になります。その中でAさんとBさん、CさんとDさんの2人組をつくります

②以下の進行について、講師が一通り説明します

・まず、ペアでAさんがBさんに自己紹介。BさんがAさんにヒアリング。CさんがDさんに自己紹介。DさんがCさんにヒアリング。その後、逆も行います

・お互いのことを理解したら、A（B）さんがB（A）さんになりきり、C（D）さんがD（C）さんになりきります

・4人組になって、成り切ったキャラで自己紹介します。他の3人からの質問も受けます　*ア

・「後で、講師から自己紹介のお題が与えられます。そのお題にそって自己紹介するので、なるべくたくさん相手のことを理解しておいてください」と伝えます

③上記の進行を実際行います　*イ

●留意点

*ア「なりきることが大切」と念を押します

*イ　答えたくないことは「ノーコメント」でOKと言います

●裏の意図（P256）

たとえば、次のような意図を含ませることができます

a　真剣に聞けば、短時間でも相手を理解できる

b　自分のことを話されるのは、ちょっと恥ずかしい

●参考資料

・『偏愛マップ』NTT出版（齋藤孝 著）

ライブ
メソッド
46

鉄板ネタ6　グループワークで気づく
みんなでやりたい「研修ゲーム」

6 研修ゲーム（4タイプ）
対象：4～6人組が多い
所要時間10～40分
意図：ゲームを通じて、さまざまな気づきを得る。

グループで行う研修ゲームには、たくさんのものがあります。

ここでは、4つのタイプに分類しました。
・伝言ゲーム（言語で、ジェスチャーで）。
・協力ゲーム（ペーパータワーなど。ひとつのミッションをチームで達成）。
・ブラフや交渉ゲーム（ポーカーのようなゲーム）。
・創造ゲーム（アイデアをどんどん出していく）。
などがあります。

10分程度で、できるものから数時間かかるものまで、目的にあわせたゲームを選んで進行を練習しましょう。

「ライブ講師実践会」では、さまざまなゲームの研究・ご紹介を行っています。

代表的な研修ゲーム

ゲームによってルールや進行方法が異なるので、ここでは代表的な研修ゲームと参考図書をあげておきます

●伝言ゲーム

・代表例「図形伝達ゲーム」

ある図形を言葉だけで伝えます。図形の複雑さ、質問ありなしなどによって、難易度を変えて実施することができます

・参考資料

『新選　教育研修ゲーム』日本経団連出版（田中久夫著）P61

『大人が楽しい紙ペンゲーム30選』スモール出版（すごろくや）

●協力ゲーム

・代表例「ペーパータワー」

チームで一定時間にタワーをつくりあげていく古典的ゲーム

ストローでやる方法もあります

・参考資料

『チームビルディング』日本経済新聞出版社（堀公俊他著）P102

●ブラフ・交渉ゲーム

・代表例「インサイダー」「人狼」

グループの中に、１人（あるいは数名）偽物がいるゲーム

お互いの対話の中から偽物を見つけていく

・参考資料

『人狼ゲームで学ぶコミュニケーションの心理学』新曜社（丹野宏昭他著）

●創造ゲーム

・代表例「ワンワード」

それぞれがひと言（例「私は」）ずつ話していって、グループ（数名）でひとつの物語をつくっていく

・参考図書

『インプロワークショップの進め方』晩成書房（絹川友梨著）P94

ライブメソッド 47

鉄板ネタ7　考えをまとめ対話する
事例から学ぶ「ケースメソッド」

7 ケースメソッド
対象：大人数可　所要時間 数時間
意図：実例または架空のケースを使って自身の考えをまとめ、他者と対話する能力を高める。

実在の（あるいは架空の）ケースを読み込み、個人の意見をもつより、グループ討議を通じて学びを深める、そうした事例研究をもとにした学習方法がケースメソッドです。

ハーバード・ビジネス・スクールや日本では慶應義塾大学、一橋大学のビジネススクールで実施されています。

メリットは臨場感があり、ストーリー性があるので、興味深く学べる点です。一方で、実務経験がないと、表面的な分析にとどまってしまう危険があります。

インバスケット（意思決定力を鍛える）型やビデオ視聴で体験するショートケースもあります。

「ケースメソッド」の実習

●進行例

ケースによってさまざまですが、基本的には、
①個人でケースを読み込む。動画の場合は観る
②個人として意見をまとめる。＊ア
講師から、お題がいくつか出ていることが多い
（例）「登場人物Ａ氏は、なぜこんな行動をしたのか？」
「あなたがＡ氏だったら、この後、どうするか？」
③それらをもちよって、グループで議論する
④その結果を発表し、全員で議論する。＊イ、＊ウ
「個人→グループ→全員」という流れで進行します

●留意点

＊ア　まずは個人でしっかり考えてもらうことが必須です
＊イ　ケースの内容についてだけでなく、そこから学べたこと、自社にどう応用できるかを考える（評論家にならないようにする）
＊ウ　議論のプロセスそのものについても、ふりかえるとよい
（グループでの議論の仕方はよかったのか、さらによくするためにはどうしたらいいか）

●参考資料

・『ケースメソッド教授法入門』慶應義塾大学出版会（高木晴夫、竹内伸一著）
・動画教材『DOIT』株式会社ブロックス
・『究極の判断力を身につけるインバスケット思考』WAVE出版（鳥原隆志著）

ライブメソッド
48

鉄板ネタ8　演じる中から発見
2種類の「ロールプレイング」

8 ロールプレイング

対象：数名　所要時間30分

意図：役割（ロール）を演じることで気づきを得たり、求める行動がとれるようになる。

ロールプレイングには、大きく2種類あります。

ひとつは、理想的なプロセスをまねる形式です。これは、接遇や営業などで行われるもので、正しいやり方を体で覚えます。ダンスを覚えるのと同じなので、本書では「ダンス型」と呼びます。

もうひとつはロール（役割）を演じることで、自分なりの気づきを得るタイプ。「ポジションチェンジ」など、心理学的なアプローチを取り入れます。本書では「心理型」と呼びます。

「ダンス型」と「心理型」、両者は一見似ていますが、目的や進め方は、まったく違います。左記は「ダンス型」の例です。

「心理型」はP248をご覧ください。

「ロールプレイング」ダンス型

●意図

理想のプロセスをまねることで、自分も同じような行動がとれるように訓練する

●進行例

①ある状況を設定して、理想的なプロセスを見せる
講師がデモンストレーションを行う
②参加者はそのプロセスをそのまま、まねる
言葉、態度、動作など、しっかり気持ちをこめて演じる
③講師は、よい点と改善点をフィードバックする　＊ア
このときに愛情をもって、本人の成長のためにしっかりコメントする (P253)
④参加者は、自然な流れでできるようになるまで繰り返す

●留意点

＊ア よい点と改善点を明確に指摘する。とくに改善点は、参加者のレベルにあわせて、今の実力で修正できそうなところを１点指摘するとよい

●参考資料

(ダンス型)
『上手な教え方の教科書』技術評論社（向後千春著）P53
(心理型)
『インプロする組織』三省堂（高尾隆、中原淳著）
『プレイバックシアター入門』明石書店（宗像佳代著）

◆秘伝◆「心理型ロールプレ」で気づきを養え

「ポジションチェンジ」（エンプティーチェア）で立場を変える

「ポジションチェンジ」は、「心理型」の代表的なロールプレイングで、他の人の気持ちに気づく感性を養うのに効果的です。「ダンス型」との大きな違いは、あらかじめ理想的なプロセスが示されることはなく、実施者自身が発見していく点です。

たとえば、クレーム対応のケースでみてみると、

①まず、２人分のイスを並べる。
②ひとつのイスは、担当者としての「自分のイス」。
はじめにそこに座り、クレームを受けたときのことを思い出す。
③もうひとつのイスは「お客様のイス」。
今度はそこに座り、お客様になりきってクレームを言ってみる。
④担当者としての「自分のイス」に座り直す。
クレームをしっかり受けとめる。そして、お詫びや対応策を実際に話す。

⑤「お客様のイス」に戻って、担当者のお詫びや対応策、その言い方が適切かどうか、頭にくるところはないか、お客様になりきって判断する。

こうした行動を何回か繰り返す。さらに、

⑥第3者的なポジション（普通は、2人のイスを横から均等に眺められる場所）から、全体のやりとりをみる。

このようにそれぞれのイスに座った瞬間に、その状態になりきって、ひとり芝居をすることで、それぞれの気持ちを理解しようとするのが「ポジションチェンジ」です。立場を変えてロールプレイングすることで、本人の中から新しい発見が生まれます。

ポジションチェンジ

チェンジしてみましょう
講師
自分のイス
お客様のイス

タイムライン

「タイムライン」で時間を変える

時間を変えてみる「心理型」のロールプレイングが「タイムライン」です。たとえば、「最近、家族と会話する時間が減っている。もっとゆっくり過ごせる時間が欲しい。その実現にむけての方策を考える」という参加者のテーマについてとりあげてみましょう。

次に講師のセリフを、●で示します。実際は、クライアントである参加者の言葉もありますが、ここではどんな実習なのかだけ理解してもらいたいので省略します。

●「では、お好きな場所に立ってみてください」

●「これから、ちょっと変なことをします。もし、この場所が現在だとしたら、過去と未来はどっちだと思いますか」

床に、自由にラインを決める。直感でこっちが過去、こっちが未来と決めてもらう。

●「家族と会話する時間が減っているとのことですが、それはいつぐらいからですか」

たとえば、半年くらい前だという答えが得られたら、

●「では、半年前の場所に移ってみましょう」と言って移動してもらう。

●「その場所に立って、状況をしっかり思い出してみましょう」

このようにタイムライン（時間軸）の上に立って、その時点でのことを実感するのがこの実習の特徴です。言葉に出さなくてもいいので、状況を味わいつくしてもらいます。

●「そのあたりで、何が起きたのでしょう」

仕事が忙しくなったり、つきあいが増えたりしているとの回答があったとします。

●「では、ラインから外れ、外側からそのときのあなたをみてみましょう。どんな感じですか」

クライアントから「楽しそうでない」というコメントがあったら、

●「では、もし、何の制約もなかったら本当はどんなことをしたいですか」

そんな質問をしながら、一気に未来の場所まで移動してもらいます。

●「いいですね。その状況をもっと教えてください。何が起きていますか」

●「それが実現しているときのあなた自身はどんな人ですか。ひと言で言うと……」

「仕事も家族も大切にしている、ゆとりある人間」と答えてくれました。

●「いいですね。それではちょっとライムラインから外れて、善意の第三者として全体を見渡してみましょう」

こんな感じでタイムライン（時間軸）の上を移動したり、そこから外れて俯瞰したりして、クライアント自身がアイデアを発見するのをお手伝いしていきます。

ライブメソッド 49

鉄板ネタ9　ライブの価値
リアルな研修①「相互フィードバック」

9 相互フィードバック
対象：大人数可　所要時間30分
意図：お互いにフィードバックすることで、プレゼンの質をあげるとともに、コメント力を鍛える。

「相互フィードバック」は、リアルの研修、ライブならではの醍醐味を味わえる実習です。

まず、参加者のひとりが、プレゼンテーションをします。

それを仲間のメンバーが聞いて、フィードバックします。

これを相互に行っていきますが、その際、「よかったところ」と「さらによくするために」のふたつを必ずフィードバックします。

進め方は「こうしなければならない」というルールはありませんが、お互い「敬意」をもって「本音」でフィードバックすることが、一番重要です。

ライブ講師実践会では、ひとりの持ち時間を15分に限定していることから「15ミニッツ」と呼んで実施しています。

「相互フィードバック」

決まった進行はありませんが、以下のような「心構え」を共有した上でフィードバックに臨んでいます

●フィードバックをする人（聞き手）の留意点

フィードバックは、話し手（プレゼンター）が、自らの行動に気づき、改善のきっかけを得るために行うものです。ですから、フィードバックする者は、やさしさと愛情をもって誠実に、気づいたこと、感じたことを伝え、ともに学びあいましょう

①同じケースは2度とありません。今回の挑戦に対して敬意を払い、相手に貢献できることはないか、しっかり考えましょう

②フィードバックは、その人に対する愛情です。本音で関わり、しっかり提案しましょう

③よいフィードバックができる方こそが、よい話し手です

●受け取る人（話し手／プレゼンター）の留意点

フィードバックは、それを受ける方の心の在り方が重要です。自らの行動に気づき、改善のきっかけが得られるものとして、誠実に受け止めましょう

①素直に聴きましょう（言い訳などはしません）

②自分では気づかない大切な情報をもらえる、よい機会であるととらえましょう

③内容を理解しようとしましょう。わからなければ確かめます。わかったフリはしません

④フィードバックをどう受け止めるか、活用するかはどうかは、すべて自分の責任で決めます

この心構えは、講師の先輩であり、メンターでもある鈴木博さん（シナジー・スペース代表）から教えていただいたことをもとにしています

ライブメソッド 50

鉄板ネタ10　ライブの発見
リアルな研修②「ソクラテスメソッド」

10 ソクラテスメソッド
対象：大人数可　所要時間30分
意図：解決したい課題を共通の場でとりあげることで、新しい発見、アイデアが生まれる。

ソクラテスメソッドとは、もともとロースクールで行われていた実習形式で、質疑応答を体系的に行う方法です。

一つひとつの質問に講師がその都度答えるのではなく、複数の質問を一覧にして、似たようなものをまとめて答えていきます。

さらに、講師だけでなく参加者全員で解決していくように進行すると、さらにライブ感あふれる場になります。

どんなにバーチャルで研修が進むようになっても、「相互フィードバック」と「ソクラテスメソッド」。このふたつは最後までリアルな研修として残るものだと、私は考えています。

「ソクラテスメソッド」

●進行例

①あるテーマに関する質問を、講師が受け付ける
②その際、一つひとつに答えるのではなく、参加者から出てくる質問を、ひとつずつホワイトボードにまとめていく。似たようなものはくくったり、どちらかを代表させてよいか、参加者に確認しながら進める
③一定量の質問が出たところで、一覧を眺める
④説明しやすい流れ（ストーリー・ライン）をその場で判断し、順にとりあげていく
⑤その際、講師からの回答だけでなく、別の参加者からの意見も含めて、よりよい解決法を探っていくとよい　*ア*イ

●留意点

*ア　講師の答えよりも先に、別の参加者からの意見を求めた方がよい。先に講師が言ってしまうと、それが正解であるようにとらえられて、多様な意見が出にくくなるからです
*イ　質問者と講師、あるいは、別の参加者や参加者同士でやりとりが交わされるようになると、さらも深い学びにつながります

●裏の意図（P256）

たとえば、次のような意図を含ませることができます
a　こうした対話のプロセスに参加してみて気づいたことはないか（自部署でも活かせる、意見が出やすくなるなど）
b　講師としての介入のポイントはどこにあるか

●参考図書

『ハーバード白熱教室講義録』早川書房（マイケル・サンデル著）

ライブメソッド
51

表と裏の意図とは？
実習の改善と創作①

実習は講師にとって、「有効な道具」です。

だからこそ、その構造をしっかり押さえて自分なりに改善し活用していくことが重要です。ここでは「表の意図と裏の意図」「必要性と可能性」という二つの構造について説明しましょう。

「表と裏の意図」があるのを知ろう

あなたは腕を組むとき、左が上でしょうか。右が上でしょうか。

左が上の人は創造性にあふれ、右が上の人は論理的思考が得意だと言われています。本当でしょうか。そこの真偽は置いておき、こんな話をすると8割の方が実際、自分の腕を組みはじめます。

そこで、講師は言います。

「このように人は直接的に指示されなくても、自然と行動してしまうことがあるんです。私は、一切腕を組んでくださいとは言っていませんよ」

この実習では、

・表の意図「腕を組むと、その人の特性がわかる」ことを伝える（真偽は不明）。

・裏の意図「人は直接的に指示されなくても、行動をうながされることがある」ことを理解してもらう。

このふたつがありました。もちろん、本当に伝えたいのは、裏の意図です。

昔から行われている心理学の実験では、被験者に本当の目的を知らせずに、その行動を観察するタイプのものがありますよね。心理学者のミルグラムさんの実験では、被験者に架空の電気ショックを与えるスイッチをもたせ、人間の残忍さを確認しています。この実験は倫理的にもやりすぎだと批判されましたが、人の飾らない行動（気質）を明らかにするには、こうした方法がとられてきたわけです。

研修における実習も構造は同じです。参加者本人の飾らない行動を自覚してもらうために、表の意図と裏の意図を2重に設定しておくわけです。

表の意図を伝え、それを単に達成するだけでは、単なるおもしろいゲームになってしまいます。そのプロセスを通じて何に気づかせるか、裏の意図の設計が重要です。

そして、裏の意図から「いかす対話」へつなげると、納得感ある構成になります。

難問で「必要性」、簡単な問題で「可能性」を訴求する

正答率10%の問題を出したとしましょう。

単純計算では、10人中9人が「くやしい。次こそは」と思って、学びの「必要性」を自覚します（もっとも、あきらめられたら困りますが）。

もし、正答率90%の問題だったらどうでしょう。今度は、10人中9人が「自分にはできる」という「可能性」を感じるのではないでしょうか。このように参加者に対して、難問は「必要性」を感じさせ、簡単な問題は「可能性」を感じさせます。

あなたは講師として、参加者にどちらの体験をさせたいですか。

「必要性」ですか。「可能性」ですか。それによって、実習の難易度を変えていく必要があります。

一般的な実習の構成は、先に「必要性」、後で「可能性」です。

そのために同じ実習を2回繰り返すこともあります。1回目は「必要性」を認識してもらって、その後、どうしたらうまくいくかを話し合ってもらって、2回目に挑戦してもらいます。こちらでは「可能性」を感じてもらいます。

実は個々の実習に限らず、研修全体の構成も「必要性」からはじまり、「可能性」を感じて終わるという流れがいいでしょう。すでにみてきた

・スポットライトを、まず、テーマにあててから、次は参加者に当てる（P32）。
・ストーリー・ラインで「主張」を先に「根拠」＋「具体案」（P118）。

という構成は、こうした考え方に基づいています。

すでに、相手がテーマについて納得ずみだったら「必要性」の部分を減らし、さっさと「可能性」の話に移るようにします。

意図開きとシャブリングの方法
実習の改善と創作②

意図開きをするかどうか

「ライブメソッド43」（P236）の「共通点探し」の実習では、
・表の意図　お互いの共通点を探すことで仲良くなる（アイスブレイク）に対して、
・裏の意図
a. 体を動かすことで活性化する（朝の体操は大切だ）。
b. 「共通点」からはじめると話が進む、「相違点」からだと、ぎくしゃくする。
c. 3分間の行動でも個性が出る。自分の活動を振り返ることが大切。
がありました。
こうした「裏の意図」を参加者に開示することを、「**意図開き**」と言います。講師としては、必ず「意図開き」をした方がいいのでしょうか。

この例で言うと、（a）～（c）は開示した方がいいのでしょうか。あなたはどう思いますか。私の答えは、「ケース・バイ・ケース」です。

つまり、講師として次にどう展開したいか、ここでの「つかみ」をどう「いかす」かによって、どの裏の意図を開示するかを選べばいい。慣れないうちは、すべて開示して種明かししたくなりますが、それでは無用な混乱を生んでしまいます。「裏の意図」の開示も、意図をもって行いましょう。

さらにこのとき、意図開きを講師が行わず、参加者自身に発見してもらえたら、よりスマートだと思いませんか。

実際、講師が話すと「種明かし的」な色彩や場合によっては、「ちょっとダマされた感」をもたれます。でも、参加者自身がみつけたら……、それは記憶に残るし、満足度も高まります。実はこのレベルまでくるとライブ感が、かなり高まります。

シャブリングでネタを発展させせよ

ただし、講師同士で実習ネタを研究するときは、裏の意図を徹底的に洗い出します。実はどんな実習でも、見方を変えればいろいろな「いかし方」ができるものです。

たとえば、「じゃんけん」は最も簡単なゲームですが、研修の実習として、どういかしたらいいでしょうか。ちょっと考えてみると、

【体験】じゃんけんを何回も繰り返す。すると、勝者敗者はほぼ均等になる。

↓【振り返り】確率論でいう大数の法則を理解し、納得させることができる。

【体験】お互い「何を出すか」を事前に言ってから（ウソもあり）じゃんけんをする。

↓【いかし方①】表情に表われてばれやすい人と、そうでない人がいる。その違いはどこにあるかを考える。

↓【いかし方②】あえて宣言してからウソを言うことのバツの悪さを体験し（でも、勝ちたい）、実生活でそんなことがないかを振り返る。

こんなふうにいかせば、「じゃんけん」も立派な実習になります。

このようにひとつのネタを別の意図でいかす。そんな工夫を「**シャブリング**」と呼んでいます。

・シャブリングとは？

どなたかひとり（仮に、Aさんとします）に提供していただいたネタを他の人は、感謝とともにそのネタから学ばせていただき、さらに発展させて共有財産とすること。

私が主催する「ライブ講師実践会」では、毎回、シャブリングを行っています。より具体的には、

①このネタ（実習）のすばらしいところ（本質）は何か？

②さらに、切れ味をよくするために工夫はできるか？

・導入（あわせる対話）を工夫する。
・実施（つかむ対話）を工夫する。
・展開（いかす対話）を工夫する。

③このネタをもとに、別のいかし方ができないか？

④同じ効果をもつ、別のネタはないか？

についても話し合います。

ぜひ、仲間といっしょにあなたもシャブリングをお試しください。

仲間といっしょにシャブリング

おわりに 「教える喜び」をいっしょに実感

本書をまとめるにあたってお世話になった生産性出版の髙松克弘さん、相見健司さん、村上直子さん、米田智子さん、ありがとうございます。また、「ライブ講師実践会」を初期の段階から支援してくれたセミナー・デザイナーの野村恵美子さん、まる出版の高橋淳二さんには、数々のアドバイスをいただきました。心から感謝します。

「ライブ講師実践会」のメンバーや有志の方からのご協力、とくにゲーム・クリエーターの石神康秀さん、研修講師の青木真穂さんには、細かな表現の校正までご協力いただきました。この場を借りて、お礼を申し上げます。

最後に、本書をまとめた理由を伝えたいと思います。それは「与える人を応援したい」という気持ちからです。

世の中に「学習法」に関する書籍や情報はたくさんあふれています。こちらは「受け取る人」向けです。しかし、残念ながら「教授法」「与える人向け」の本は少ないのです。昔からそうでした。いわゆる「結婚式でのスピーチの本」や「論理的にスライドを構成しろというプレゼンテーションの本」「学校関係者を対象とした教育学の本」などはありましたが、ビジネスマンを対象に「教える技術」をまとめた本はありませんでした。

そこで、私は20年以上かけて、実在するすばらしい講師の進行を分析してきました。

楽しいと言えば、楽しい。しかし、結構大変でした。

そこであなたには、もっと効果的、体系的に「人前で話す・教える技術」を学んでもらいたい。そして、空いた時間は、自身の専門分野を磨き上げるために使って欲しいのです。

たまたま「人前で話す・教える技術」を学んでいないために、せっかくおもちのあなたの専門知識や技術、思いが引き継がれない。もし、そんなことがあったとしたら、それは「宝の持ち腐れ」ではないでしょうか。


本書は、３年前から準備をはじめました。

「ライブ講師実践会」という「人前で教える技術を磨きあう会」を創設し、志を同じくするさまざまな分野の研修講師、士業、リーダーの方々と共に、メソッドの「有効性」や「再現性」を検証してきました。本書に載せた「ライブメソッド」は、すべて実証ずみのものです。

会員のみなさんは、すでに各分野で活躍をはじめています。次はあなたの番です。

思い、知識、技術、経験をぜひ、世の中に拡げてください。

私の好きな言葉に、こんな言葉があります。

ジェラール・ショドリーさん。聖職者の方の言葉です。

「人生の終わりに残るのは、我々が集めたものではなく、与えたものだ」
“Ce n'est pas ce que nous avons amassé qui reste après cette vie, mais ce que nous avons donné.”（Gérard Chaudry）

個人がこの世からいなくなっても、人類は進化し続けます。この言葉は人類の英知を引き継いでいく者、私たち講師に対するメッセージではないでしょうか。

私も、人生の生産性（生涯を通じて与えたもの／集めたもの）を向上させたいと思います。

そして私は、与える人（教える人）を応援します。その結果として、世の中に「教える喜び」を実感する人がどんどん増えて欲しいと願っています。

続きは、「ライブ講師実践会」でお会いしましょう。

著者

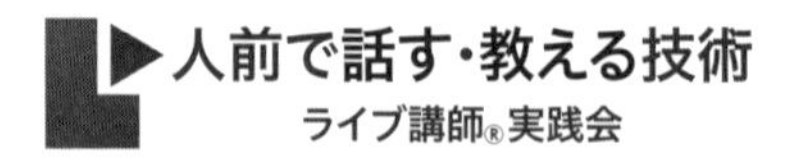

人前で話す・教える技術

2017年10月25日　第1版　第1刷©
2021年 5 月17日　　　　　第3刷

著　者　寺沢俊哉
発行者　髙松克弘
発行所　生産性出版
〒102-8643
東京都千代田区平河町2-13-12
日本生産性本部
電　話03(3511)4034

印刷・製本　サン
カバー&本文デザイン　サン

ISBN 978-4-8201-2073-5
Printed in Japan